愛と結婚に迷ったら読む本

幸せの自立

一明源

みらい PUBLISHING

はじめに

こんにちは。
この本を手に取ってしまったあなた、覚悟はいいですか。

もしかしたらあなたは、結婚生活に漠然とした不安を抱えていたり、幸せなはずなのに何かモヤモヤしていたり、明確な不満があったり、既に離婚を考えている人かもしれない。だからこそ、この本のタイトルにある「自立」という言葉に希望を見出したのではないだろうか？

ようこそ。この本は、そんな悩みや、あるいは悩みというほどでもない漠然とした不安、このままでいいのかな？　と心に浮かんでは消える感情を抱えた、あなたのために書きました。

ここで伝える「自立」とは、「幸せの自立」。
幸せとは、「あなた」にとっての幸せです。

なぜ現状がどこか物足りなく感じるのか、なぜ漠然とした不安が消えないのか。それは明治以降ずっと続くある一つの価値観に縛られているからだ、と僕は常々考えている。

「結婚すれば幸せになれる」

コロナ禍で人の生き方がどれだけ多様化を加速させても、この呪いのような刷り込みにいまだに支配されている人は少なくない。

いい成績を取り、いい学校に入り、いい会社に入る。そして、いい相手と結婚して、いい環境で子どもを産み育てる。それこそが目指すべき「幸せ」であり、その象徴と具体策の代表が「結婚」なのだと、彼らはそう教えられてきたんじゃないだろうか。また、なるべくそこから逸脱してはならないってことも。しかもこれは家庭の中だけで囁かれていたことではない。学校、メディア、社会全体がこぞってこの刷り込みを助長させてきた。

しかしその一方で、２０１９年だけでみても離婚件数は20万件を超え（婚姻件数は

59万件）、5割を超える夫婦がセックスレスとなり（20歳から49歳までが対象の調査）、何かしらお仕事をしている既婚女性の6割は不倫を経験しているという事実がある。

僕が昔探偵事務所で調査員として働いていたころ、依頼の9割は不倫調査だった。妻側からだけではなく夫側からの依頼も多々あり、男女比は半々。つまり、「結婚」に満足していない夫、妻が同じだけいるってこと。

なぜ「結婚」をして「幸せ」を手に入れたはずの彼らが、わざわざ外に相手を求めるのか。本当に「結婚すれば幸せになれる」のであれば、とても理にかなった行動とは思えない。

付け加えるなら、芸能人でもない僕が約5年前から書き始めたパートナーシップ論のブログ『直感的源論』は、月50万アクセスの人気ブログになったし、2017年から開催してきた大人向け性教育講座の受講者は、女性だけで、すでに1000人を超えている。もし「結婚すれば幸せになれる」という〝教え〟が本当なら、これほどの人が僕のブログを読んだり、講座を受けたりするだろうか。そもそも僕みたいなパートナーシップ問題を生業にしている人間が存在する時点で「結婚しても幸せになれなかった」人達がゴマンといるということ。

あなただって、「幸せになれるはず」と思って結婚したのにそうなれていないと感じているから、もしくは「私の人生、結婚生活はこのままでいいのかな？」という漠然とした不安を抱えているから、この本を手にしているんだよね？

だからといって、僕は結婚を否定しているわけではない。ただ、これだけ生き方が多様化した社会において、人々の求める幸せな生き方は、もうずっと前からステレオタイプのそれじゃまかないきれなくなっているってことを言いたいだけ。月並みに聞こえるかもしれないけれど、この本で伝えたいのは「幸せ」の選択肢は人の数だけあるってこと。

僕がブログでよく例に挙げる二つのパートナーシップ論に「ペア族」と「シェア族」というのがある。「ペア族」というのは好きな人・愛している人と二人で一緒に暮らし、結婚し家族をつくり、二人で、家族で一緒の人生を生きることができる人々。対する「シェア族」というのは一人で楽しむ人生の一部に誰かを愛する機会がある人々を指す。

前者のように「結婚」という形が前提で「家族」という社会生活を運営する形を《社会性パートナーシップ》、後者のように愛とセックスでつながる関係性を【非社会性パートナーシップ】と名付けている（ブログ『直感的源論』言語化できてないシリーズより）。

僕がパートナーシップにこうした形があると考えたのは、探偵業をしていた頃から20年以上に渡って、1万人もの方々にパートナーシップのイロハをお伝えし、夫婦の実情を見てきて、「愛の形」「幸せの形」「生き方」は「結婚すれば幸せになれる」の一つではないんだと気づいたし、それを伝えたいから。こうして語る僕だって離婚経験者だしね。

ではどうすれば、みんなが本当に自分が望む幸せを手に入れられるのか。

その手段の一つが「自立」にある、と僕は思う。

今の結婚は幸せの依存であって、例えば、主たる生計者の状況が変わればあっという間に破綻する。一人が寂しい、というのもたぶん嘘だ。だって夫婦でいたってセックスレスや不倫が横行している。

でももし、「一人でも幸せに生きられる」ことが前提でみんなが生きられるなら。

経済的にも精神的にも「自立」していれば、仮に夫に愛情を感じなくなり「あー離婚したい！」って思うようになったとしても、いつでも離婚することができる。

それでもあえて「離婚しない」のと、一人では生きていけないから「離婚できない」というのでは、まったく意味合いが違ってくるよね（そもそももし精神的にも経済的にも自立していたらあなたは結婚という道を選んでいただろうか？）。

どういう生き方を選択するにしても一度、「結婚すれば幸せになれる」という呪いに洗脳されていることに気づいて、それを手放してみてほしい。気づかないうちにどんな思い込みが自分に植え付けられていたのかを、ぜひ知ってほしい。

この本を読み終わる頃には

・いかに「結婚すれば幸せになれる」の価値観で生きてきたか
・自分には本当はどんな形のパートナーシップが合っているのか
・どう生きれば幸せになれるのか

きっとそのあたりがクリアになるはず。

「いやいや、私は結婚生活に満足しているし」なんて言う人も、もっと楽に、自由に、幸せに、結婚生活を送れるようになるんじゃないかな。そんな願いを込めて綴っています。

もし、今の結婚生活で自分が望む、幸せな生き方を完全に手にできている人は、このままこの本を閉じてください。きっとこの本は、あなたには何のお役にも立てないと思います。

最初に「覚悟はいいですか」とあなたに問いました。なぜ覚悟が必要なのかというと、この本を読んだことによって「自分が本当に望んでいるパートナーシップの形、幸せな生き方」に気づいたら、もう後戻りができなくなるからです。今の結婚生活、今の生き方では自分が本当に望んでいる生き方はできない！　それに気づいてしまったら、今が苦痛でしかなくなり、「すぐにでも生き方を変えたい！」と思ってしまうからです。

それでもまだ、この本を読み進める勇気がありますか？

※この本は「シェア族」であり【非社会性パートナーシップ】の生き方をしている著者が書いておりますので、結婚や恋愛観、人生観においては多分に「シェア族視点の偏見」が含まれています。そのことをご了承ください。

目次

第1章

日本の夫婦の現状

日本の洗脳教育によって決められた「幸せな生き方」

「大きくなったら、パパ／ママと結婚する！」

親子の微笑ましい光景が目に浮かぶ。でも、ちょっと待って。このセリフ、どこか不思議に思わないだろうか？

ここで問題なのは、この子が「誰と結婚するか」ではない。「大きくなったら結婚する」。注目すべきは、幼い子どもが、すでに将来の「結婚」を宣言しているところにある。もちろんみんながそうではないし、僕はちょっとひねくれた目で見すぎているのかもしれない。

でも、まだ義務教育も始まらないうちから「大人になったら結婚するもの」だって、一体どこで教わったんだろう。家庭の中で？　幼稚園や保育園で？　いや、どこでなんてはっきりわからないくらい、ごく自然にそう思うようになっていたんだと思う。ならされていた、と言ってもいいかもしれない。

そもそも「結婚」って何なんだろう？　改めて考えたことがある人ってあまりいな

いんじゃないかな。愛する人とは「結婚するもの」、それが世間の当たり前。なので、まずは結婚の歴史について簡単に話をしてみたい。

近代における日本の結婚制度は、明治31年（1898年）にできた明治民法が始まりだと言われている。えっ、もっと昔からあったんじゃなかったの？　って思うよね。確かに結婚という決まり自体は古くから存在していた。源氏物語にあった通い婚とかもそうだしね。鎌倉時代から「嫁をとる」ってスタイルが主流になって（それまでは婿入りスタイル）、戦国～江戸時代にかけて武士から庶民へと広まっていった。とは言っても、本格的な戸籍制度が始まったのは明治時代からだし、それまで庶民の結婚はもっと自由でゆるいものだった。

明治民法は「家父長制度」と呼ばれるものが軸になっていて、家長である父親に権力が集中するという特徴を持っている。例えば、結婚相手や住む場所は家長が決める、家の財産は長男（次の家長）が継ぐとかね。ちなみに、女性の姦通（不倫）が厳しく罰せられることが決められたのもこの法律だ（なんと男性はお咎めなしだった！）。

明治になって初めてできた「結婚」という制度は、とーちゃんが偉い、とーちゃんに従え！　という法律の中で決められたものだった。時の政府は天皇を中心とする支配体制の強化のためにこの法律をつくったとされているから、つまり「結婚」は、国の都合で国民に押し付けられたものだったとも言える（戦後、民法は改正され、家父長制は廃止された）。

話を戻そう。僕は日本の教育も、「結婚＝幸せ」という価値観の刷り込みに加担していると睨んでいる。年齢によって生き方のほとんどが決められているわかりやすいシステムも、その一つだ。15歳で義務教育を終えて高校に入る、18歳で卒業して大学に入る、そしてだいたい22歳かそこらで卒業して就職する。「いい会社に就職すれば将来安泰」なんて根拠のない思い込みも、もれなくセットでついてくる。今30代後半以降の女性なら、「そういう形通りの男性と結婚する」ことが幸せへの近道だと、親に言われて育った人も多いはず。「永久就職」なんて言葉もあったよね。

そんな時代はもうとっくに終わってる。のはずなのに、親がそうだったから、親にそう言われたから、世間がそうだったから……実は今でも自分がその価値観に振り回されていることに気づいていない人は多い（付け加えるなら、そこに疑問を抱かせないようにされてきたせいなのもある。考えさせない、詰め込み教育も原因だ）。

あえてここで「洗脳」という言葉を使おう。教育の場以外でも、僕らはものすごく巧みに洗脳されている。テレビ、広告、会話……それは日常のあちこちにさりげなく仕組まれている。

例えば、有名な結婚情報誌のCM。ルックスの良い若者が結婚に向けて歩いていく姿を「理想的で美しい姿」と印象付けている。「結婚って素晴らしいものなんだ」「結婚ってあんなに幸せなんだ」ってイメージが、ぼんやりしているうちにどんどん刷り込まれていく。男女が出会って恋愛をした先には、ごく当たり前のように「結婚」が据えられている。でも、そのことに違和感を覚える人はほとんどいない。

確かに経済の側面から見れば、男と女がくっついてくれないと困るというのもわかる。バレンタインがお菓子屋さんの戦略から始まったように、どんなイベントも男女や家族のために用意されている。異性に良く思われたいからいい服やいい車を買ったりするし、結婚が決まれば指輪や宝石を買うカップルも多い。子どもができたらマタニティ、ベビー用品を買うし、家を買ってこそ一人前と思っている。すべての経済は男女で成り立っていると言ってもいいかもしれない。

僕が独立起業してパートナーシップ問題を取り扱うようになる前、まだ大手の通信会社に勤めていた頃、僕の上司になる人が北海道から転勤してきた。聞けば単身赴任で向こうに家を建てたばっかりだと言う。その頃、特に大手の企業では、家を買ったら転勤させられるなんてことが多かった。家を買ったばかりだと、簡単に会社を辞められないからね。僕の上司も恐らくそれだった。結局、単身赴任を続けた彼は、自分が買った家に一度も住むことなくガンで亡くなった。一体、何のための結婚で、何のための家だったんだろう。

今の日本は、恋愛して、結婚して、子どもをもうけて、家を買って、子どもが独立したら余生を楽しむ。これを一連の流れで「幸せ」だと思ってくれないと経済が回らない仕組みになっている。「産めよ、増やせよ」じゃないけど、国の政策としても、お金の流れとしてもみんなに結婚して子どもを産んでほしい。だから日本の社会全体が「結婚は幸せだよ」っていう洗脳に満ち溢れていく。ちょっとひどい言い方をするけど許してほしい。だいたい35年ローンを組んで家を買わせるなんて、会社をやめられない社畜を生むための仕組みなんだって思わない？

あれ？　この生き方の何が幸せなんだっけ？

ここまで言ってもやっぱりピンとこない人もいるだろう。いや、あえて見ないフリ、考えないフリをしているのかもしれない。とにかく、僕が言いたいのは「僕たちは生まれた瞬間から生き方を決められていた」ってこと。政府とか、経済のトップとかが、自分たちの都合でつくり上げた仕組みに「幸せな生き方」という題名までつけられて。

もちろんそれが本当に幸せだって人はそれでいい。ただ、それにしがみついて生きることで、逆に不幸になっているのだとしたら。そこに何の意味もないって、早く気づいてほしいんだ。

恋愛マニュアルのゴールは全て「幸せ」ではなく「結婚」

異性と出会い、恋をしてお付き合い、デートを重ねたら何回目かでキスをして……最終的にゴールイン！　これぞ、まさしく恋愛の王道！

「またまたぁ、昔の少女漫画じゃあるまいし！」って突っ込んでくれた人も、「まずは身体の相性を確かめないと！」なんてポリシーの人だっているだろう。でも、笑わないでじっくり振り返ってみてほしい。特に今30代後半より上の人たちは、この王道通りの生き方をどこかで「良し」としてきたんじゃないかな。

僕たちは折に触れて、恋愛ってこういうものだって刷り込まれている。前の項で「我々は物心ついた頃から結婚を目指す生き方にさせられている」と言ったけど、これも同じくある種の洗脳によるものと考えていい。この場合も漫画、小説、ドラマ、親や友達とする日常会話……と媒体は多種多様。そして大抵、その道のゴールには、他でもない「結婚」が鎮座してきた。

とにかくこの王道から外れるような関係を続けると「その人、本当に大丈夫？　遊ばれてるんじゃない？」なんて、周りから余計な心配をされるハメになるし、自分自身に対しても、はしたないことをしてしまったとか、軽い女だと思われやしないかとか、妙な後ろめたさを覚えることもあったんじゃないだろうか。

今やこれだけいろんな生き方があって、いろんな考え方がある時代に？　って、驚く人がいるかもしれない。

確かに「結婚」はあくまでも社会的な枠組みの一つだし、時代に応じてそのカタチは変化し続けるものだ。ただ一方で、個人の結婚に対する考え方は、一般的に一世代上、すなわち自分の親をモデルにしていると言われている。自分の親はそのまた親をモデルにしていると考えれば、かなり緩やかなグラデーションで変化するものだと想像できるよね。

僕らの親世代が生まれた時代をざっくり高度経済成長期だと仮定すると、親の親、つまり祖父母の世代はほとんどの男女が結婚をしていた皆婚の時代。そんな親たちの影響を受けながら育ってきた僕らの価値観は、いくらトレンドを組み入れていても、根本のところでは彼らとそこまで変わらないって言える。

巷にあふれかえる恋愛マニュアルを見てみればよくわかる。今や心理学的見地から考察されたものから、恋愛相談形式で進められるものまでバラエティ豊かで内容も充実している。にもかかわらず、そこで推奨される男性像は、「しっかり働いている、それなりに所得がある、一途で浮気をしない、子ども好きで家庭的……」。間違っても「女性の扱いにものすごく長けている」とか「セックスがめちゃくちゃうまい」とか、そういう項目はない（僕は大事なことだと思うけど！）。「こんな男性を選びましょうね」「（彼氏を）こういう男性に育てましょうね」って、ほらね、ここでもきっちり恋愛の先の「結婚」を見据えた指南がされている。

もちろん、惚れたハレタだけで結婚が成り立たないことは、みんなわかりすぎるくらいわかっている。愛情と同じくらい重要になるのが、経済の問題。幸せな結婚をイメージした時、贅沢とまではいかずとも、日々の生活に困らない安定した暮らしを求めるのは当たり前だろう。うん、確かに、さっき挙げたみたいな男性ならそれを叶えてくれそうだ。

ならば、経済の問題がクリアになったところで、もう一方に立ち返ってみよう。もし、運良くそんな男性に出会ったとして、あなたは彼を心から好きになれるだろうか、さらにあなたは彼を生涯愛し通すことができるのだろうか。

ここで、一つ現実を突きつけよう。愛情と経済。実はこの結婚に大切な二つの柱の両方が真に満たされ（続け）ることは、かなり稀《まれ》だ。

男女の愛を求めて、不倫に走る妻たちが後を絶たないという現実はここにある。ただ、不倫しちゃう人はまだまし（?）な方だと僕は思っている。だって、家庭の外にちゃんと幸せを見出そうとしているんだから。なんせ、僕の周りにいる既婚女性は僕の知っている限りほとんどが不倫をしているか、不倫経験者だ（笑）。

一番心配なのは、今の生活に不満があっても不倫も離婚もしない（できない）って人。異性として好きでもなくなり、愛してもいなくなった相手、なんなら恨んですらいる夫と、「金のため」「生活のため」「子育てのため」「世間体のため」に結婚生活をただただ「延命」させている人たちだ。彼女らは今日も「我慢し続ける人生」を生きている。

一昔前までは結婚すれば勝ち組・できなければ負け組っていう価値観や、離婚は悪、離婚をすれば人生失敗っていう価値観もあった。やっぱり「結婚という形」に収まっていることを捨てるにはなかなか勇気がいるんだと思う。

「あれ？　幸せになるために結婚したんじゃなかったの？」。鋭い。まさにそこが問題だ。

そう、幸せになるために「結婚」したの。この場合、ゴールは「幸せ」だ。結婚はそのための（たくさんあるうちの）一つの手段でしかない。

話をまとめよう。僕らは今でも、結婚についての洗脳を受け続けているし、親から脈々と受け継がれてきた価値観を引きずっている。まずはそれをさっさと認めてしまおう。その上で、あなたが目指すゴールは「結婚」なのか、「幸せ」なのかを考えてみてほしい。……うーん、両方？　そうだね、幸せな結婚がしたいんだよね。

「結婚すれば幸せになれる」以外の生き方を知らない日本人

Ｗｅｂサイト「離婚弁護士　相談広場」によれば、「離婚をしたことは自分の人生にとって良かったと思いますか?」というアンケートに96％弱の回答者が「離婚をして良かった」と答えたという（https://www.riconhiroba.com/column/divorce-research-summary.html）。実はこれ、今まで僕が実際に出会ったたくさんの離婚経験者たちへのアンケート結果ともぴったり重なる。

確かに、離婚にはそれなりの覚悟が必要だし、そもそもそれまでの結婚生活が堪えられなくてするわけだから、ごく当然の結果なのかもしれない。でも、僕が見てきた人たちは「離婚して本当に良かった！　めちゃくちゃ幸せ〜！」って、バンザイしそうな勢いだった（ちょっと大げさかな）。離婚して心底後悔した、って言う人に僕はまだ会ったことがない。

この本の「はじめに」でも少し触れたけど、厚生労働省の統計データによると、２０１９年だけでみても離婚件数20万件を超えている（婚姻件数は59万件）。

加えて言うが、それ以外の夫婦がみんな幸せかというとそんなこともない。この仕事をしていて感じるのは、実に多くの人が不倫をしているということだ（その中にはそこそこ幸せな結婚生活を送っている人たちも含まれる）。幸せの程度は個人の主観によるけど、一般的な結婚観に照らしても、心の底から幸せを感じている人というのはほんの一握りなんじゃないだろうか。あくまで、「僕調べ」で言わせてもらえば、結婚したカップルの2／3以上が、その後幸せになれていないんじゃないかな。

これから結婚しようとする人にとってはちょっと厳しい話だったかな。でも結婚して幸せになれるかどうかなんて、一度結婚してみないとわからない。なので、みんな一度はサクッと結婚して、みんな一度はサクッと離婚すればいいのよ！　無責任に聞こえたら申し訳ない。でも、これは経験者である僕の本音だったりする。

そろそろ本題に入ろう。前の項では、恋愛マニュアルはどれも「結婚すれば幸せになれる」という前提で書かれているし、僕たちは今も古い価値観に縛られながら生きていると書いた。

ここでもう一つ紹介したいのが、その延長線上にある困ったバイアスだ。言葉遊びみたいでややこしいけど、「結婚すれば幸せになれる」って信じている人と同じくらい、「結婚しないと幸せになれない」と思い込んでいる人がいる。いや、「結婚しなければならない」という強迫観念にとらわれていると言ってもいい。
「婚活」なんてまさにその呪いの最たるものだ。恋愛をすっ飛ばして結婚というゴールに一直線で向かっていく。あくまで目的は結婚だから、性格、価値観、経済力、年齢、容姿、その他もろもろ、データ化された条件を基にターゲットを絞れば話は早い。もちろん当人同士の気持ちが最優先だろうけど、結婚したいならこれほど理にかなった方法はないだろう。

さて、ここで一度立ち止まって整理してみよう。結婚したカップルの2／3以上が幸せになれていないという一方で、**なぜみんなそんなに「結婚したい（しなきゃ）」と思うんだろう。**僕は、これには抗《あらが》いがたい三つの原因があるんじゃないかと考えている。

一つ目は、脳の認知バイアスの問題。人間の認知は対象に対して持っているバイアス（偏見、固執、先入観、好み）にとらわれて、偏ったり、歪んだりすると言われている。中でも、自分が正しいと考えていることを確証してくれるものだけを知覚・記憶する傾向を確証バイアスと呼ぶ。簡単に言えば、自分にとって都合の良い情報以外は勝手にミュートされてしまうってことだ。

「結婚したら男はこんな風に変わってしまうんだよ」とか、「子どもが生まれたらワンオペ育児でこんなに地獄だよ」とか、結婚生活にまつわるネガティブな情報は巷に嫌というほど出回っている。親や友人など、身近な既婚者からだってその気配をうかがい知る機会も多いはずだ。なのにどこか自分とは関係のない出来事のように感じてしまうのは、この確証バイアスのせいだ（それすら自覚がないのかもしれないけど）。

僕たちは幼い頃から「結婚＝幸せ」という洗脳を受け続けた上、その先入観に合った情報ばかりを集めてしまうようにできている。となれば、悲しいかな、どんなにたくさんの失敗例を見聞きしたとしても、いざ自分の身に起こってみるまではその現実に気づけない。

二つ目は、日本人の性格の問題。海外から見た日本人の特徴としてよく紹介される「日本人はみんなと同じが好き」、いわゆる集団主義ってやつだ（これが本当に日本人に限ったことなのかはもう少し議論がいる）。とにかく僕たちは「みんなしているから」という理由でなんとなく行動してしまう。逆に、自分だけがしていないと落ち着かなかったりね。「結婚適齢期」なんて言葉もあったけど、一定の年齢を超えて未婚でいるということに今でも気後れを感じる人は少なくないだろう。

僕らが子どもの頃は両親が揃っている家庭が圧倒的に多かった。でももしそれが逆転していたら？　片親が当たり前って状況だったら？　みんなと同じを選ぶなら「結婚なんてしなくてもよくない？」ってなったんじゃないかな。「両親揃ってるの？珍しいね」なんて。

三つ目は、日本の社会構造の問題。多くの人が結婚しなきゃ症候群に陥ってしまうのは、日本の社会構造自体にも原因がある。まるで「結婚＝幸せ」という洗脳を裏付けるかのように、僕には日本の社会自体が既婚者向けにできているように感じられる。

例えば、欧米では男女で一緒に暮らす、もしくは子どもを育てるために「同棲」や「未婚で子どもを育てる」という選択肢が普通にある。フランスや北欧では、同棲してある程度経ってから結婚したり、しないまま子どもを産み育てることの方がむしろ一般的だったりもする。

日本でも同棲や事実婚は昔からあったけど、世間的に認められるようになったのは、ごく最近の話だ。少し前までは未婚の男女が一緒に住むことにいい顔はされなかったし、今でも未婚のままで一生を送るというカップルはまだまだ少数派だ。ましてや、未婚で子どもを産み育てるとなるとさらに限られてくる。何らかの事情で結果的にそうなったケースを除けば、妊娠がわかった時点で結婚するカップルが大半だろう。人生の選択肢として、予め「未婚で産む」というコースを選ぶ人はほぼいないんじゃないかな。結局、今の日本で安心して子どもを産み育てたければ、まず「結婚する人生」を選択する方がよい、と誰もが思っているってことだ。

どうだろう、みんながこぞって「結婚」「結婚」って突っ走っちゃうリアルな理由が少し見えてきただろうか。

もう一つ言えば、近年増えてきているのが「結婚はしたくないけど子どもは欲しい」っていう女性だ。もちろん個人差はあるだろうけど「子どもが欲しい」というのは、女性にはある意味本能的なことなのかもしれない。でも、さっき言ったように、未婚で子どもを育てるという選択肢はまだまだこの社会には根づいていない。

その結果、彼女たちは無理に結婚して後で破綻したり、我慢して結婚生活を続けるしかなかったり、子どもを持つこと自体を諦めたりすることになってしまう。

大昔の日本社会には、子どもは村や集落全体で育てるみたいな文化があった。子どもが貴重な労働力だったというのもあるけど、「誰の子どもであろうと村の子どもなんだから」ってみんなで大切に育てていた。たとえパートナーがいなくても、ちゃんと子どもを育てられるシステムが当時の日本には当たり前にあったんだよね（ついでに男女関係にもとても寛容！）。

もし、そんな社会なら、あなたはわざわざ結婚というカタチにこだわるのかな？

パートナーに求めるもの、子どもとの向き合い方、社会で果たしたい役割……、どれも人それぞれ違う。人生ってこんなにも複雑なのに、それを「結婚」という小さな枠の中に何とか収めようとしたって、絶対無理じゃん！

だったら逆手にとるしかない。「結婚すれば幸せになれる」「いい歳だからそろそろ落ち着かないと」なんてフワフワした理由で安易に結婚に突っ走るのをやめて、あなたが本当に生きたいように、あなたが本当に幸せになれるように、結婚という制度をうまく利用してやればいいんだ。

結婚生活で「妻」ではなく「お母さん」を求められる女性達

これまで「幸せになりたいから結婚する」という女性が多いと言ってきた。じゃあ男性の場合はなぜ結婚したいと思うか、わかるかな？

答えはズバリ「お母さんがほしいから」です！　もちろん、男性だってそこは無意識。自分の身の回りの世話をしてほしいっていう理由を明確に持って結婚する人は、たぶん結婚相談所に行っている人ぐらいなんじゃないかな。

一世代前、つまり僕らの母親世代の妻たちは、子どもを抱いて歩く若い世代の夫の姿に「今の旦那さんはいいわねぇ」と、ため息をつくわけ。彼女たちの夫はまさに「男子厨房に入らず」で、家のことは全面的に妻に任せるというスタンスだったから、家事や育児を手伝う今の夫たちの姿が感動的に映るのも無理はないよね。

ところが「はぁ？　〝手伝う〟って何よ、あなたの子どもでしょ！」。今の世代の妻たちはそんな夫に声を荒げるわけだよ。母親世代が「いいわねぇ」とため息をつく、皿洗いだって、ゴミ出しだってしてくれる、休日には子どもの面倒も見てくれる優しい夫に、ね。

なぜなら、彼らはシンクや生ゴミ受けまでは掃除しないし、冷蔵庫で賞味期限切れになった食品を整理することもない。平日子どものために会社を抜けるなんて論外だ。それでいて「あ〜、疲れた！」ってドヤ顔でソファに座り込み、なんなら「ありがとう」なんてねぎらいの言葉まで待っている。

もちろん、性差としての得て不得手もあるし、個人差だってある。だけど、母親世代から思えば格段に進歩（?）したように見える夫の態度は、今の世代の妻たちをイラつかせる「手伝いスタンス」から全く抜け出せていないのが現実だ（しかも夫にその自覚はないから、なぜ家事を手伝ってイライラされるんだ？　ってお互いに不毛な事態に陥るんだよね）。

今でこそ問題視されているけれど、僕たちは「男の子だから」「女の子だから」っていう言葉を普通に浴びながら成長してきた。「男の子だから簡単に泣いちゃいけない」とか「女の子だからお行儀良くしなさい」とか。これも一種の洗脳だよね。特に「女の子だから」の中には、片付けやお手伝いといった〝家事〟についての項目も多かった。

母親からすれば、娘が将来困らないようにという親心なのかもしれない。ところが息子となると、そのロールモデルは「何もしない（できない）夫」なわけだ。当然夫にするのと同じように身の回りの世話までせっせとお母さんがすることになる。

そのうち子どもたちの中では、男の子なら「お母さんにそうしてもらったから」、女の子なら「お母さんがそうしていたから」と、家庭内での男の役割と女の役割が無意識的に分けられていく。やがて彼らが結婚すると「家事や育児は女の仕事」だからと、夫はあくまでも手伝いスタンスから抜けきれず、妻はどんなに苦しくても最終的には家事や育児がワンオペになることを受け入れてしまう、というわけ。

僕の姉なんかも小学校の男の子がいるんだけど、翌日の時間割とかを全部姉がチェックするんだよね。忘れ物がないように、って。母親にしてみれば、100％子どものためを思っての行動。でも、こうやって子どもにとって「全部お母さんがしてくれる」が当たり前の環境が整っていく。そしてその子どもたちが結婚すると……。夫の母親に今さら抗議したって始まらないけど、夫が結婚相手に「お母さん」を求めるのは、そういう風に育てられた環境があるってことなんだよね。

育ってきた家庭環境が結婚生活に無意識的に作用することは免れない。これは、男性だろうが女性だろうが同じだ。でも、世の母親たちがそうやって、子ども中心の生活にならざるを得ない状況があるのも確かだ。

2020年4月、女性の失業率は男性の2倍の数値をマークした。コロナ禍で浮き彫りになったのは、飲食や宿泊、生活や娯楽の業界における非正規雇用の女性の割合が特に高かったこと、そして景気が悪くなると真っ先に首を切られるのは彼女たちだということだった。

女性の非正規雇用が多いのはなぜか。これは女性が「産む性」であること、「子育てが女性の役割」とされていることと切り離して考えることができない。それは女性にとってキャリアの中断を意味するからだ。

大手の企業なら、産休・育休後でも元のポジションに戻れるしっかりした制度があるのかもしれない。でも多くの企業でその仕組みはまだ途上段階にあるし、マタハラだって稀《まれ》じゃないのが現実だろう。

当然、出産が終われば育児が始まるわけだけど、そもそも保育園に入れないこともあるし、入れても周りの協力がないと残業や出張は難しいし、フルタイムで働くことさえままならない……となれば、実質的にこれまでどおりの働き方を続けることは難しくなる。時短勤務のせいでキャリアの本流から外れるくらいならまだましで、最終的に退職を余儀なくされることだって少なくない。

「出産は代われなくても、育児なら夫にだって分担できるでしょ？」って、第三者は思うだろうけど、夫たちが手伝いスタンスから抜け出すことは、まずない。その証拠に、平日、保育所からの呼び出しや、ＰＴＡの集まりに顔を出すのは決まって妻という家庭がほとんどだ。働く妻たちはその度に上司や同僚に頭を下げ、肩身の狭い思いをしながら仕事を調整する。場合によっては、時間的融通のきく働き方を検討せざるを得なくなる。

「そういうものだ」っていう思い込みも大いにある。でも、それ以上に問題なのが、給料や出世スピードの男女間格差だ。最近では男性の育休も理解されてきたけれど、家庭の運営上、「給料の高い夫のキャリアを中断させるくらいなら、妻が都合をつけたほうがいい」という判断になるのは避けがたいよね（妻の方が高所得の家庭なら話は別だよ）。

一旦キャリアを手放したとしても、今では再び社会に戻る妻たちも多い。子どもによりよい教育を受けさせるためには、夫の給料じゃ賄えないんだよね。だけどそこには、出産・育児後という年齢、ブランクのあるキャリア、そして家事・育児のための時間的な制約、というハンデがつきまとう。

その結果、選ぶのは非正規雇用の道になる確率が高い。拘束時間や報酬が夫より多くなることはないから、家事の主体が変わることもない。つまり、妻たちは安い給料で補助的な労働をこなしながら、家事や育児も今までどおり受け持つようになってしまう。

しかも、これは手伝いのポジションに徹する夫の最大の拠り所にもなる。「外でバリバリ稼いで家事も手伝う俺、めっちゃ良い夫だよ！」。加えて、一生懸命育てた息子は、将来妻に対してこう思う。「ウチのお母さんはこうだったな（家事も育児も完璧にやって、おまけにパートで働いてた）」。
家事・育児に加えて、パートで家計まで補填して、未来のポンコツな夫予備軍を再生産する。これってもうホラーじゃない？

単なる夫婦間のモヤモヤのように見えるこの問題は、実はジェンダーの問題であり、婚姻の問題であり、キャリア形成の問題であり、妊娠・出産の問題であり、保育園の問題であり、非正規雇用の問題であり、教育の問題であり……（もっとあるかも）。とにかくメッチャクチャ複雑で根が深い。これをすぐに変えられるとは全然思わないけど、まずは、そこに気づくところから。少なくともあなたが今何かしらの不協和音を感じているなら、次の一歩が変わってくると思うんだ。

好きでもない旦那と我慢が目的の結婚生活

「熟年離婚」と聞いても驚かなくなったのはいつ頃からだろう。むしろ、長年連れ添った夫婦の離婚は今や定番化されつつある。

データで見てみると、同居期間が20年以上の夫婦の離婚は2019年で40,395件。5年未満の夫婦の63,826件についで、二番目に多い。1985年と比べるとこの数値は倍増していて、おまけにここ15年以上、この40,000件あたりをキープし続けている（厚生労働省　同居期間別にみた離婚件数の年次推移より）。

「恋愛の賞味期限は4年（3年）」って聞いたことがある人も多いよね。恋愛中の人間の脳内では、PEA（フェニル・エチル・アミン、俗に恋愛ホルモンとも呼ばれる）という神経伝達物質によって、ドーパミンやノルアドレナリンの放出が活性化されるそうだ。好きな人と一緒にいるとドキドキするのはこのせい（しかも、ドーパミンがドバドバ出ている間、人間の判断力はチンパンジー並みに低下する！）。そしてこの高揚状態が続くのが長くて3～4年。

ちなみに、これは原始時代の人類の出産間隔とも重なっているそうだ。4年間というのはだいたい、人間の生殖から生まれた子どもが二足歩行（生物学上の自立）できるようになるまで。この間、男女は協力して子育てに励み、やがて分泌が止まれば別の遺伝子を残すために別れたという。

つまり僕たちは、恋愛期間という特別な時期に相手の何もかもを輝かせて見せ、判断力を奪って生殖をさせ、出産した子どもがある程度自立すると冷静さを取り戻すようにプログラミングされている。「5年未満の夫婦」の離婚件数がトップなのも納得できるよね。

ちなみに、恋愛ホルモンが落ち着いた後、脳内では代わりにエンドルフィン（幸せホルモン）が分泌され、恋愛感情は愛着へと変化すると言われている。脳の働きからも、本当にうまくいっている夫婦だってたくさんいることをはじめに言っておく。

「旦那なんてお金を稼いでくるATMだ」「もう男としては見られない」「夫とセックスなんて！」。僕の周りの妻たちからよく聞こえてくるセリフだ。さっさと別れちゃえばいいのにって思うけど、彼女たちが離婚に踏み切るかといえばそんなことはない。

僕が圧倒的大多数だと睨んでいるのは、この手の夫婦。離婚件数が二番目に多かった「20年以上の夫婦」の予備軍とでも言おうか。20年というと、現代ではだいたい子どもたちが社会的に自立するタイミングとも重なる。原始時代よりずいぶん長くなってしまったその日を、彼女たちはぐっと我慢して待っている。一体なぜ？　その原因と理由について見ていこう。

まずは、そもそも現状を認めてないというケースがある。認められない、認めたくないっていう方が近いかな。これまで言ってきた「結婚＝幸せ」の洗脳の効果なのかもしれない。客観的に見れば、彼女たちの現状はさんざんだ。家事や子育てに追われて死ぬほど忙しいのに、夫は思ったほど優しくもなければ、稼ぎだってそんなにいいわけじゃない。だんだん嫌いになってくるんだけど、身の回りの世話はしなきゃいけないし、セックスにも応じなきゃいけない……（実は嫌々セックスに応じている妻って結構いるんだよね）。

それでも、多くの女性がこれを幸せだって思っている。きっと「これが幸せなんだ！」ってどこかで思いたいんだよね。なぜなら、そこを否定したら今までの生き方全部を否定することになっちゃうから。この場合、「子どもには兄弟が必要だよね」とか「自分は四人家族だったから」とかいう理由で冷めきった夫と二人目の子どもをつくることだって多い。自らこの生活を続ける方向にどんどん舵を切っていく。

次に、離婚したら人生失敗だって考えているケース。これだけ増えてきた離婚だけど、今だに「バツイチになったら人生終わり」みたいに思ってる人もいる（そもそもバツイチっていう呼び方自体、ネガティブだよね！）。親や近所の目を気にする人も多いかもしれない。「夫婦は最後まで添い遂げるもの」的な昭和の価値観を持つ家庭で育ったならなおさらだし、自分自身に対しても強い失望感を抱くだろう。だから周りにも自分にも失敗したって思わせないように、結婚生活を続けてしまう。

でもそれって誰のために？　欧米では離婚どころか婚外子だって普通のことだし、離婚者への差別や偏見もない。離婚した人＝人生の落伍者みたいに思うのは、日本人特有のつまらない世間体と時代遅れの思い込みでしかない。

最後は、リアルにお金の問題。例えば、結婚や妊娠・出産を期に仕事を辞めてしまって、自分に収入がない（あるいは十分ではない）としたら？　生活には夫の収入が不可欠だから、したくても離婚できないってことになるよね。これこそが夫にどれだけ不満があったとしても、我慢して結婚生活を続ける妻たちの最大のストッパーだ。子どもがいる場合はなおさらこの問題にぶつかって身動きできない人が多い。

さらに今社会問題になっているのが母子家庭の貧困。この原因は前述した男女格差や非正規雇用によって母親の収入自体が少ないということと、養育費の不払いなどが大きいとされている。最近では法改正もされて、養育費を強制的に差し押さえることができるようになったけれど、まだまだ問題が解決したとは言えない状況だ（ちなみにスウェーデンでは子どもの養育費を政府が立て替えてくれる制度がある！）。

子供が、仕事が、世間体が……彼女たちが二の足を踏むのもわからなくはない。我慢に我慢を重ねて、結婚生活は続いていく。まるで我慢すること自体が目的だったみたいに。そしてついに旦那は定年、子どもは自立を迎え、めでたく離婚が成立！（中には予め夫婦間で決めていることだって珍しくない）。その間なんと20年以上！

僕にはただの人生の無駄遣いにしか思えない。

不倫は日常

愛する人と結婚して、子どもを産んで、家を建てて、老後は穏やかに夫婦水いらず、これが小さい頃から夢見てきた私の「幸せ」。だったはずなのに、いざ蓋を開けてみれば話が違う！　だけど、子どものため、お金のため、世間体のため、その他もろもろのため、今この生活を放棄するわけにはいかない。我慢、我慢、我慢、我慢、我慢、我慢、我慢………でも。

私の人生このまま終わっちゃっていいの？　誰か、ここから助けてー！

そんな溺れる妻たちが手を伸ばすもの、それが「不倫」だ。逆にそうでもしないと家庭を維持できなくなるってことなんだよね。「何らかの仕事に就いている既婚女性のうち、約6割強に不倫経験がある」というのが、僕の経験上のデータ。専業主婦も含めるとすれば、一体どれだけの既婚女性が不倫経験を持っているというのだろう。

僕は20代で探偵事務所に就職してから、これまで20年以上に渡って数々の不倫の相談を聞いてきた。世間にはみんなが思っている以上に当たり前に不倫が根付いている。かつて大炎上した石田純一の発言「不倫は文化」（本人がそう言ったわけではなくマスコミがつくった言葉らしいけど）は、もはや「不倫は日常」に置き換えてもいい。

さて、ここでは冒頭のような妻たちからの相談内容と、僕が提案した解決策の具体例を見てもらいたい。その前に僕の考えを言っておこう。以下を踏まえて読み進めてほしい。

●僕は不倫を否定も肯定も推奨もしない。ただそこに不倫という現象があるだけ。意味は当事者が見出せばそれでいいし、周りがいちいち批判したりするのも筋違いだ。

●僕は不倫を「悪」だとは考えていない。良いか悪いかなんて不倫で論争すること自体が無駄だし、不倫をするには何かしらの理由や背景があるはずだ（中にはただ遊びの人もいるけどね）。不倫を「悪」だというならば､僕は「必要悪」と呼ぶ。

［相談内容と僕の回答］

◆相談者
妻40代［夫40代／子ども10代／不倫相手30代（独身またはバツイチ）］

◆前提
・今すぐに家庭は壊す気はない（家庭と不倫をバランス良く続けていきたい）
・夫に「男」は求めていない、または求めても応えてくれない（セックスレス）
・最初は興味本位やセックスの対象だったが、次第に不倫相手とお互いの将来を考えるように……。

Q1．今の家庭を壊さず、愛する不倫相手の彼と関係を続けていくのはアリですか？
A1．アリだと思う。むしろあなたにとってはその方が都合がいいのかもしれない。

ただ、不倫相手の男性の気持ちはどうだろう？　あなたには愛する家族（家族愛という意味でね）がいて、異性として愛する男もいる。片や相手の男性にはあなたしかいない。これってフェアじゃないよね。

愛し合っていても独占できない、というもどかしさはやがてストレスになる。最終的に相手の男性が行き着く先は「あなたと別れる」「あなた以外の女性とも交際する」の二択。いつまでも今のままの関係でいられる気がする、というのは錯覚だ。何かしらのアクションを起こさないと、あなたは自分が理想としている女性としての本当の幸せを逃すことになるかもよ。

Q2．不倫相手との関係性・今後をどう考えていけばいいですか？
A2．例えば子どもの成人とか、あるタイミングで離婚して彼のところに行くと決めているなら、それでいい。まだ始まったばかりで何も決まっていないなら、相手の男性と本気で話し合って決めるべきだ。問題なのはその形。離婚も良いけど、ひとまず別居というのも一つの手。

そもそも夫婦はセックスレスで、夫婦としての関係は終わっている。法的な離婚事由としては、「別居＝夫婦として破綻している」とされるから、別居した後に彼氏ができたのならそれは不倫とみなされない。こうしておくと、そのまま離婚になった場合でも有利だよね（ケースにもよるので100％鵜呑みにしないように！）。

「結婚＝幸せ」、でもみんながそれを目指した結果どうなっただろうか？　離婚する夫婦が増加するだけならまだしも、離婚したら一人では生きていけない女性が増加し、隠れて不倫しなきゃ保てない家庭が増加する社会になった。言うなれば、日本の結婚制度が、社会のあり方が、妻たちを不倫に走らせていると言ってもいいんじゃないかな。

これだけ無数の生き方を選択できる時代になったにも関わらず、「女」として、「妻」として、「母」として、共働きならさらに「社会人」として、そして場合によっては親の介護をするための「同居介護人」として……。もう女性に求められる役割が多すぎて、「夫婦」という一対一の関係性、「夫－妻－子ども」という単一の家族構成、それ自体に無理が生じてるんだよ。

それを「当たり前」だと思って我慢して、なんとか維持しようとしてるなんて、どうかしてるぞ？

さっきの回答に加えて、僕は不倫を続ける妻たちに一つ提案をしたい。**「そろそろ隠れて不倫をするのはやめにしない？」**

いっそのこと夫に宣言しちゃえばいい。「愛してる男がいるの。でもあなた（夫）も子どもも家庭もぜーんぶ大切。ただ、あなたは私に女を求めてないように、私もあなたに男を求めていないの。夫としては心から尊敬してるし、これからもあなたと子どものために、妻として母として家族を続けていく」

「……だから彼との付き合いも認めろよ！ってゆーか、もうそうしていくって決めたから！！」。何か文句ある？　それぐらい言ったっていいよ（責任は取らないけど笑）。

ちょっと刺激が強いかもしれないが、僕はこの最後の提案を受け入れる夫婦が増えれば、日本はもっといろんな社会問題が解決できるのになーと考えている。

これからの時代、間違いなく「家族」の形は変わっていく。むしろ、変わっていかなきゃならない。誰を愛したっていい、誰と結婚してもしなくてもいい、子どもなんて誰が育てたっていい。

あなただって本当はもっと自由に生きていきたいんでしょ？　だったら、形にとらわれるのはそろそろやめにしよう。

最初は誰にも理解されないかもしれない。だけど、今のままの生き方を続けてたら、死ぬ時に人生を振り返って絶対後悔するよ？

第2章

結婚がしたいのか
幸せになりたいのか

一般的な結婚生活には向き不向きがある

第1章でさんざん結婚生活の実情について書いたけど、改めてもう一度。

僕たちは大人になれば結婚するものだと無意識に思いながら生きてきた。「結婚すれば幸せになれる（幸せにしてもらえる！）」と当たり前に思って生きてきた人も少なくはないし、多くの人がマニュアル通りの恋愛をして、もっと幸せになれると思って結婚した。

でも、もしそれが真実で、「異性と出会って、お付き合いして、結婚して、子どもをもうけて、家を買って、子どもを独立させて、老後を穏やかに過ごす」という一般的な結婚生活が全日本国民にとって本当に幸せな生き方だとするなら――。

なぜこんなにも日常的に不倫が横行し、なぜ探偵という仕事の約9割が不倫調査で、なぜパートナーシップの問題をあつかう僕のような職業が成り立っているのだろう？　そして、なぜ年間20万組もの夫婦が離婚を選ぶのだろう？

ここではっきり言うね。一般的な「結婚生活」には、向き不向きがあります。

離婚をした人にその理由を尋ねると、多くの場合は「性格の不一致」を挙げる。その他にも異性関係のもつれ、肉体的・精神的なDV、酒、ギャンブル、生活費を渡さない、親との同居に応じない、家庭を顧みない、家族親族と折り合いが悪い、性の不一致など、様々な理由があるだろう。

ただ、「自分は一般的な結婚生活に向いているのか、いないのか」というそもそものところを、考えたことがある人はほとんどいないんじゃないだろうか。

多くの人が結婚して、家族を持つという生き方に疑問を抱かないし、それが当たり前だと思っていただろう。ましてやそれが自分に向いてるのかどうかなんて考えもしなかったはず。もっと言うなら「自分は本当にその生き方をしたいのかどうか」すら考えることもなく、一般的な結婚生活を送ろうとし、離婚に至ったんじゃないかな。

僕がこれまで関わってきた結婚生活に悩む多くのカップルに共通することがある。言葉の表現は悪いかもしれないけど、一度目の結婚は「気の迷い」に他ならない。

改めて結婚の理由を聞いてみると、「なんとなく」「理由はないけど、一度はしてみたい」「〇歳までには結婚したい」「一人で生きていくのが寂しい」「好きな人とずっと一緒にいたい」「心の拠り所が欲しい」「子どもが欲しい」「家を買いたい」「両親を安心させたい」「親に孫の顔を見せてあげたい」「周りから、結婚はまだなの？　と急かされる」とか。

女性なら「働きたくない」「専業主婦になって楽したい（専業主婦の大変さを知らないからこう思える）」「経済的に安定する（と思っていた）」というのもあるし、男性なら「社会的信用が得られる」「家事、身の回りの世話をしてもらいたい」「付き合って○年以上経つから責任取らなきゃ」「男は家庭を持って一人前！」とかが返ってくる。

ね、なんだかフワッとしてるでしょ（確固たる目的や信念を貫くために結婚した！と言う人が一体どれぐらいいるだろう）。

僕自身も今はバツイチだけど、一番の結婚の理由は「もういい歳（30歳）だし、そろそろ落ち着かなきゃな」だったもん（笑）。今思えば「気の迷い」としか思えない理由で結婚してしまったものだ！　まぁ、人が結婚したい理由なんて意外とその程度だったりする。別の見方をすれば、「気の迷い」と勢いがあったからこそ結婚できたのかもしれない。「気の迷い」でもないと結婚なんかしないよね！　……って、いう人もいると思う（笑）。

あなたが結婚したい、したかった理由って何だった？

例えどんな理由だとしても、本質的にはきっと「幸せになりたい」からだと思う。わざわざ不幸になりたくて結婚する人なんかいない。ただ、誰もが結婚すれば平等に幸せになれるわけではない。当たり前だけど、結婚して幸せになれる人もいれば幸せになれない人もいる。

じゃあ、その違いは何なのか？　結婚を語る本やＷｅｂサイトが無数にある中で、そのどこにも書かれていないこと。それが、**一般的な結婚生活には向き不向きがある、**だ。結婚が向いていない人は、結婚をしても幸せにはなりにくい。ただそれだけの話だったりするのよ。

果たして自分は結婚に向いているのか、向いていないのか。それを知るためにはいくつかの基準がある。これからこの章でお話ししていくね。ではまず考えて欲しい。

あなたは本当は「結婚」がしたかったの？「幸せ」になりたかったの？
あなたにとって「幸せ」って何？　何がどうなったら「幸せ」なの？

「結婚」＝「安定」＝「幸せ」の方程式は本当か？

以前ＳＮＳ内で女性を対象にとあるアンケートをとったことがある。

内容は、「① 幸福だと感じる結婚生活と、② 安心、安定を感じる結婚生活、どっちを手に入れたいですか？」面白いことに、答えは半々だった。

「生活が安心安定じゃないと幸福は感じられない」「幸福じゃないと安心できない」「安心安定のために幸福を手放していることがある」「安心安定なんて自分でつくればいいじゃん」「安心安定も幸福も自分でつくれるからどっちでもいい」「どっちも欲しい」「幸福＝安心安定、ではないのでやっぱり幸福が先！」「女性は本能的に安心安定を求める」「幸福になるために生きてるのに、安心安定なんかに落ち着いていられない（笑）」などなど。

いろんなご意見を頂戴した（ご協力ありがとうございました）。この答えを見るだけでも結婚に求めているものは人によって違うんだということがよくわかるよね。

ここでもう少し具体的な内容でアンケートをとってみたい。次の①②からどちらか選べと言われたら、あなたはどっちの「結婚生活」を選ぶかな?

①旦那のことはもう異性としてはみられないけど、人としては尊敬できるし、長年一緒にいて「情」もあるし、子どもの父親としてはよくやってくれているし、仕事も給料も大手で安定していて、専業主婦でいても普通に暮らすには十分すぎるぐらい安心安定な結婚生活。

②異性として大好きな旦那さんと、セックスもあって、愛し愛される関係性で、女性としての幸福を感じる結婚生活。ただし、旦那は自営業で仕事もまちまちで経済的には安心安定ではないため、あなたもしっかり働きに出る、お金を稼ぐ必要がある。

全く中身の異なる結婚生活だよね。①は経済的に安心安定を求める結婚生活、②は女性としての幸福を求める結婚生活だと言える。日本だと結婚に求めるものは①だという人が多いんじゃないかな。

もちろんどちらを選んでもいいんだけど、求めるものと現実がちぐはぐになると幸せを感じにくい。もし①の結婚生活を望んでいる女性が、②のような男女の愛を求められる結婚生活になってしまったら、「いやいや、もういい歳してセックスとかいらないよ！」って思うだろうし、まず生活が安定しないことが不安で仕方がないだろう。逆に②の結婚生活を望んでいる女性が、①のような男女としては淡白な結婚生活を送ることになってしまったら、「なんで結婚して一緒にいるのに愛し合わないの？　セックスしないの？」って絶対に欲求不満になる。

えっ？　生活の安定も女の幸せもどっちも手に入れたい？　それもそうだよね。ただ、夢を壊すような話をしてしまうことになるので最初に謝っておくね（もう手遅れ？）。

では、ここでちょっと想像してみてほしい。結婚して20年、異性として愛し愛される関係で、定期的に気持ちいいセックスもあって、女性としての幸福もしっかり感じられて、経済的にも安定している。そんな全てが満たされている働き盛り世代の夫婦ってどれぐらいいると思う？

パートナーシップの専門家として僕が言えることは、残念ながらそんな夫婦はわずか一握りだってこと。つまり「結婚生活で全てを満たすことは不可能に近い」。

日本で①のような結婚生活に落ち着く人が増えちゃうのは、セックスよりも経済的な安定が大切だと考えている人が多いということなんだろう。でも一方で、①の結婚生活を送っている女性の大半が不倫をしている、もしくは不倫を経験したことがあるという事実がある（みんながみんなそうではないよ）。夫には異性としての愛・セックスを求められない代わりに、外に男をつくってそれらを満たす……合理的と言えば合理的なのかもしれない。

もちろん「今はセックスレスだけど、旦那のことは男として大好きだし、なんとか努力してまたできるようになりたい」といった相談を持ちかけてくる女性も少なくないよ。そういう話を聞くとなんとなく気持ちがほっこりするんだよね。

問題なのは、「旦那は異性として見れないし、なんなら好きでもないし、一緒に生活するのも苦痛だけど、お金のため、生活のため、子どものため、世間体のために離婚はしない、できない」という人。

これまでも書いてきた通り、満たされない結婚生活を続ける女性はゴマンといる。彼女たちにとって「幸せ」って何なんだろう。何のための「結婚生活」なんだろう。

結婚って、「幸せ」になるためにするんじゃないの？

経済的に生活が安定していれば、それが「幸せ」なの？
幸せってほんと、何なんだろうね。

結婚を左右するペア族とシェア族

夫婦関係、パートナーシップを育む上でぜひ知っておいてもらいたいのが、「ペア族とシェア族」という価値基準だ。これを知っているか知らないかで「結婚」というものに対する考え方や取り組み方が全く変わってくる。あ、どちらも僕がつくったものだから、辞書にはまだ載ってないよ（笑）。

事実、以前SNSでこれを発信したところ、その投稿をきっかけに自分の価値基準を理解して「ああ、だからパートナーと合わないのか……」と離婚を決意し、今は幸せに暮らしている女性もいる。逆に、「ああ、私たちはこれでいいんだ！」とさらにラブラブになった夫婦もいる。それぐらいこの価値基準はパートナーシップ・夫婦関係を築いていく上で根幹的なものだと言える。

ここからは、それぞれの考え方や定義を簡単に説明していこう。

①「ペア族」

好きな人、大切な人、愛している人と二人で一緒に「二人の人生」を歩むこと、つくり上げていくことが幸せな人。

ペアリング属性の略。指輪のペアリングではなく、Bluetoothのペアリング設定のような意味ね。基本的な概念が「ペア」、二人で一つ、人生は大好きな人と二人で一つ、何をするにも二人一緒がいい、毎日でも一緒に居たい、交際が始まったらすぐにでも同棲したい、早く結婚して一緒に住みたい、そういった属性の人。英語で表すとtogetherとかwithに近い意味になるかな。そしてこの属性の大きな特徴は「今」よりも「未来の、将来の二人の幸せ」に目が行きがちだということ。

②「シェア族」

一人でも十分幸せで「一人で歩む人生」の中にたまに大好きな人、大切な人、愛している人と関わることが幸せな人。

シェアリング属性の略。日本人において「シェア」というのは一時的にとか、限定的な意味合いが強いように感じるためこの名前にした。カーシェアリングみたいに、一時的に「共有」するというイメージ。

パートナーシップにおいての一時的、限定的なシェアとは、たとえ長年愛し合っているパートナーがいても、基本的には一人で生きていく、一人でも十分幸せであるということを大前提に行われる。その「一人で歩む人生」を一時的にパートナーとシェア・共有する、つまり時々会って思い切り愛情表現をする。いつも一緒に居ないからといって愛情が薄いということではない。そしてこの属性の大きな特徴は「未来・将来」よりも「今」の幸せを重要視するということ。あまり将来のことなど考えず「今が幸せならそれでいい」人が多い。

一般的な恋愛や結婚を重要視する人は、ペア族の価値基準を持っていることが圧倒的に多い。巷にある恋愛マニュアルもこちらを基準に書かれているものがほとんどだ。困ったことに世間では、恋愛とは、結婚とは、ペア族の価値基準が正しい！　と思い込まれている。

なかなかシェア族の価値基準が理解されないのはこのため。本当はどちらが良い悪いではなく、生き方に違いがあるだけなんだけどね。恋愛も結婚も「何がどうと言いづらいけど、なんとなく辛い」と感じている人は、実はシェア族なのかもしれない。

ではペア族、シェア族で恋愛観・結婚観がどれぐらい違うのか見ていこう。

ペア族とシェア族の比較十選

ここからは恋愛や結婚でよくある事柄をペア族・シェア族の観点からそれぞれ比較してみたいと思う。あなたにはどちらの傾向があるだろうか（あくまで「傾向」なので、人によってはペアもシェアも混ざることがあると思うけど、気楽に見てみてほしい）。

今までの恋愛や結婚生活の中でペア族の価値観を理解している人が多いと思うので、ここではシェア族についての説明が多くなるけど許してね。はじめに白状しておくと、僕はシェア族だ。

(1) 住居

① ペア族……お付き合いしたらすぐにでも同棲したい。結婚したら住む家は「一緒」が常識、当たり前。

② シェア族…結婚しても住む家は別々が理想。お付き合いしても同棲はしたくない。基本的に他人と一緒の家に住めない。一つ屋根の下に他人の気配がすることが苦痛。それが家族や親族であってもキツい。

あなたがペア族かシェア族か、判断しやすいのがこの項目。仮にこれから先の比較が全てシェア族に当てはまったとしても、ここが①ならあなたはペア族だと言い切ってもいい。

時々、「わかる！　結婚しても一人の時間は必要よね。じゃあ私はシェア族だ」と言う人がいるけど、基本的に他人と一つ屋根の下で生活できているのであれば、あなたはペア族。シェア族の場合は「一人の時間が必要」なのではなく、「一人じゃないと無理」というニュアンスが正しい。

逆に、愛する人と一つ屋根の下で暮らしているのに、どうして毎日こんなに生きにくいの？　と感じている人はシェア族かもしれない。その場合は試しに一週間ほど一人になってみるといい。「ああ、寂しい！　やっぱりあの人と離れるなんて無理！」と感じたらあなたはペア族だし、「うわー、一人ってこんなに気が楽なんだ……たまに一緒にいるだけでいいや」と感じたらあなたはシェア族だ。

(2) スケジュールの共有

① ペア族……お互いに共有・把握しておくのが基本。事前にいつ、どこで、何を、誰とするかを知らせておくのは当たり前だし、そうし合うことが「相

手への思いやり」だと思っている。パートナーのスケジュールを知らないと不安になる人も多い。

②シェア族…パートナーのスケジュールを把握していない。離れて過ごしている時に、パートナーがどこで何をしていようと自由だし、気にもならない。「スケジュールを共有する意味って何？」「次にいつ会えるか把握していれば良くない？」という人が多い。

好きな人のことは何でも知りたがる傾向にあるのがペア族。知らされていないと不安になる人も多いし、相手のスケジュールをSNSで知ったりすると「どうして事前に直接教えてくれないの？」と怒ったり、「大切にされていない」と感じる人もいる。近年ではスケジュール共有アプリなどを使っている人もいるよね。

それに対して、「一緒にいない時の相手のスケジュールを知っておく意味がわからない」というのがシェア族。別に聞かれれば答えるし、教えたくないというわけではないよ。「この日からこの日は出張だから会えない」とかを前もってちゃんと伝えるのは「次にいつ会うか」に関わるスケジュールだから。つまりそれ以外は把握しておく必要がない。

(3) 連絡の頻度

① ペア族……毎日でもメール、LINE、メッセンジャー、DM等でやりとりしたい。DM等で挨拶するのは当たり前だし、今日あったことを報告し合うことが嬉しい。逆に一日でも連絡が来ないと不安になる。

② シェア族…一週間連絡がなくても気にならない。二〜三日に一度、生存確認ができれば上等（笑）。話が盛り上がればやりとりを続けることはあるけど、毎日それをやらなくてもいい（連絡をすることが面倒なのではないよ！）。

この項目はまだ結婚していないカップルに当てはまることだね。ペア族の人は、離れて暮らしているからこそ、会えないからこそ、DM等での連絡や挨拶することが当たり前。

一方、シェア族の人は別に毎日連絡を取り合わなくてOK。基本的に次いつ会うか会わないか以外の連絡は必要ないと思っている人が多い。付き合ったばかりのラブラブな期間であれば毎日連絡することもあるかもしれないけど、いずれそれが苦痛になってくる可能性が高い。ペア族の人からは「気持ちが冷めたんでしょ」と思われるかもしれないが、デフォルトの問題。

⑷会う頻度

①ペア族……休日はいつも会いたい。できれば毎週決まった曜日に決まったスケジュールで会いたい。休日がバラバラなら極力合わせたい。本当は毎日でも会いたい（だから早く同棲したいし、結婚して一緒に暮らしたい）。

②シェア族…二週間に一度とか、なんなら月に一度会えればそれで十分幸せ。

これもまだ結婚していないカップルの話。ペア族の人は「一緒に過ごす時間の長さが愛情の多さ」と考える場合が多い。会う頻度が高ければ高いほど愛を感じる。なので、極力一緒に過ごす時間を増やそうと日々努力する。ちょっとでも時間が空けば会いに行くし、一週間以上会えない日が続いたら、枯れる。

反面、一緒に過ごす時間の長さと愛情がイコールではないのがシェア族。むしろ、会っていない時も愛情を育む時間だと考えてるんじゃないかな。たとえ長期間会えなくても気にならないし、逆に久しぶりに会えたからこそその時は存分に愛し合う。

これはシェア族である僕自身の経験談になるけど、どれだけ愛している女性であっても、毎週決まった曜日の決まった時間に会いに行く、という付き合い方をしていた時は辛かった。当時は気づかなかったけど、別れた後に「ああ、あれはすごくストレスだったんだな」と感じた。人生で最も体重が増えたのもその時。きっとストレス太りだよね。

⑸休日の過ごし方

①ペア族……夫婦、家族は一緒に過ごすもの。基本的に一緒にどこか行きたいし、何かしたい。余程の予定が入っていない限りは別々に過ごすことはない。

②シェア族…会いたい時は休日を合わせるけど、会わない休日はそれぞれどこで何をしていようが自由。また、それを把握しておく必要もない。

既婚のペア族で、子どもがいる家庭だと、休日にそれぞれ別のことをするのは意外と難しいのかもしれない。「たまには一人の時間がほしい」と思うことがあっても、パートナーが「休日に子どもを置いて一人で出かけること」を許さないという場合も少なくない（たとえペア族同士でもそんな風に縛られると窮屈に感じるだろうね）。

シェア族にとって休日は自分の好きなことをする日。パートナーが休日に何をしていようと自由。必ずパートナーと一緒に過ごすものだとも思っていないし、好きなことの一つに「パートナーと会う」があるといった感じ。

⑹結婚観

①ペア族……結婚は恋愛の集大成。結婚が幸せのピーク。結婚すれば幸せになれる。
②シェア族…二人が幸せなら形にはこだわらない。制度として利用する以外に結婚をする理由がわからない。

これまで散々書いてきたように、多くの人が何の疑問も抱かずに恋愛して結婚してきたと思う。僕自身もそうだった（今考えると自分でもなぜそうなったのかわからない）。

実際多くの人がペア族だし、ペア族的な価値観こそが、世間一般の幸せだとされている。だから本来はシェア族であっても、結婚してみるまでそれがわからない。シェア族の多くは一度結婚して、違和感に気づき、その答えを導き出す。「ああ、自分は結婚に向いてないんだ」と。

誤解しないでほしいのは、シェア族の人間がみんな「結婚したくない」と思っているわけではないということ。より幸福度を上げる手段が結婚ならしてもいいし、結婚が悪だなんて微塵も思っていない。ただペア族の人たちのように「結婚すれば幸せになれる」とは考えていない。仮に結婚したとしても、好きじゃなくなったら離婚するし、好きでもないのに結婚生活を続けることはしないだろう。

(7)二人の将来について

①ペア族……死が二人を分かつまで一生あなたと生きていきたい。昔CMで見たおじいさんとおばあさんのように、ずっと手をつなぐような関係でいたい。死ぬまで一緒にいたい。

②シェア族…人生80年、90年、100年。先のことなんてわからないから、「今」愛している人と一緒にいたい。おじいちゃんおばあちゃんになっても、その時愛している人と一緒にいられればそれでいい。基本的に将来の話はしない。

我々の親世代、その上の世代はペア族的価値観の夫婦がほとんどだった。愛情よりも情。たとえ夫婦仲が冷めていても、離婚を選択せず、死ぬまで一緒にいることを選んだ。そういった親たちを見てきた僕たちは、それが夫婦で、それが幸せなんだ、という価値観を引き継いでいる。もちろん、本当に愛し合っているなら死ぬまで一緒にいることは幸せだよ。でも、冷めた相手と死ぬまで一緒にいることの何が幸せなんだろう？

その点、ハッキリしているのがシェア族。好きでもない相手と一緒にいようなんて思わない。大切なのは将来ではなく「今」なので、今愛している人と、今愛し合いたい。

⑻離婚の考え方

①ペア族……離婚は人生の終わり。負け組。
②シェア族…離婚は幸せへの片道切符！　次行こうぜ、次！

ここで大切なのは、離婚そのものに対する考え方というよりも夫婦関係、パートナーシップにおいて「離婚をしないように、されないように」と考えるかどうか。

ペア族では、結婚をしていること、結婚生活が順調なこと自体が幸せだと考えるため、どんな状況でもなるべく離婚をしないで生きていくことを望む傾向が強い。関係を続けるため（すでに交際期間中から）、意識的にも、無意識的にも「嫌われないように、お別れしないように」と相手に合わせたり、無理したり、本心でないことを言ったりやったりする人も多い。ある意味、「守りのパートナーシップ」だとも言える。

シェア族では「今」幸せかどうか、が判断基準。もし一緒にいることがお互いにとって幸せではないとわかったら、迷うことなく離婚、お別れする。「嫌われないように、お別れしないように」という考え方はあり得ないし、相手に合わせたり、無理したり、本心ではないことを言ったりしたりもしない。

大切な人だからこそ、自分と一緒にいることで幸せを感じられなくなったのであれば、別れを選択して相手の幸せを応援する。もちろんシェア族だって別れは悲しいし、辛い。けど、基本的に一人でも生きられるから、離婚や別れを必要以上にネガティブに捉えることはないし、お互いがこれから幸せになるための選択だと考える。

⑼ 価値観

① ペア族……自分と同じか、似ている人が理想。パートナーには自分と同じ価値観を求めがち。共通点が多ければ多いほど良い関係になれる。意見が食

い違った時は話せばわかり合えるし、それがパートナーシップを深める方法。

②シェア族…違う人間なんだから価値観が違って当然と考える。相手の価値観に立ち入ることはないし、価値観が違っても愛し合える。自分と相手は違う人間なんだな、ということがわかり合えればそれで良い。

もし、あなたが今からマッチングアプリや結婚相談所で結婚相手を見つけるなら、どういった相手を探すだろうか。見た目の好みや求める条件に加えて、価値観が近い、考え方が似ているということを重要視する人が多いんじゃないかな。

それって当たり前に思われがちだけど、シェア族にとっては結構どうでもいいことだったりする。そもそもシェア族は一人で生きていくスタイルだから、パートナーに同じ価値観や考え方を求める必要があまりない。自分とは違うところを知るのも楽しみの一つだし、違うことが前提で関係性をつくるから価値観の違いで争いは起きないんだよね。

例えば、僕は海が好きでいつでも海に行ける土地に引っ越してきたけど、もし僕にパートナーがいたとして、その人が山好きでも、海嫌いでも問題ない。パートナーと一緒の時にわざわざ海に行くこともしないし、海に行きたいなら一人で行けばいい。逆に、彼女が山登りする日にわざわざ一緒にいることもない。きっと彼女も一人で、もしくは山仲間と一緒に山登りを楽しむだろう。シェア族のパートナーシップは何でもかんでも一緒である必要がない。価値観が同じである必要がないというのはそういうことだ。

⑽ペア族とシェア族の相互理解

①ペア族……基本的にシェア族のことは理解できない。シェア族のことは異国の人、宇宙人、クズ（！）、ぐらいに思うことがある。

②シェア族…ペア族の価値基準が世の中の当たり前だと理解しているし、もしくは合わせて生きてきたから、ペア族のことは大概理解できる（そもそも考え方の違いに寛容）。

ペア族の人からすれば、この価値基準の違いは「ただの性格の違い」程度に見えるかもしれない。でも、実はそんな簡単なことではないの。この例えが適切かどうかわからないけど、「肉大好きの肉食な人」と「ヴィーガンの人」ぐらい違う。もちろんどちらが良い悪いではない。ただ、この二人がどれだけ自分の正義を相手に伝えようとしたところで、相手の価値観を自分のものとして受け入れられるかというと、ほぼ無理だよね。

ペア族とシェア族の夫婦の場合、きっとペア族の人は「とことん話し合えばどこかで理解し合えるんじゃないか」と考えるだろう。けど、シェア族の人は「それはあり得ない」ってわかってる。シェア族の人間は知ってるのよ、「こっち（シェア族）が我慢して合わせるしか、折り合いをつける方法はない」。

これを読んでいる人の中で「私はペア族だけど旦那はシェア族。それでも上手くやってるよ」という夫婦がいたとしよう。きっと、シェア族の旦那さんがペア族のあなたに合わせている場合がほとんどだと思うよ。もちろんみんながそうだというつもりはない。でも、シェア族ってどれだけ自己主張してもまず理解されないんだよね。それが続くと「ああ、もう黙っておこう。こっちが合わせた方が早いや」って思うようになる。

既におわかりの通り、シェア族の人間は圧倒的に少数派だ。世の中にはペア族的価値基準が正しい、常識だという考え方が蔓延していて、それに沿った生き方や考え方が「善」、それ以外は「悪」とされる。

本来はシェア族であったとしても、自然と（もしかしたら無理して）それに合わせるように生きていくから、自分がそうだとはわからない人も相当数いるはずだ。でも、日々感じている生きづらさや苦しさが「自分がシェア族だから」と気づけたら、きっと楽になると思うよ。

シェア族は少数派だから結婚に向いていないのか

先ほど例に挙げたような、どちらかがペア族でどちらかがシェア族の夫婦だと、基本的に少数派のシェア族がペア族に合わせて生きることが多い傾向にある。というか、それ以外に折り合いをつける方法がない。

でも、もしこれがペア族同士の夫婦なら、もしくはシェア族同士の夫婦なら、きっと上手くやっていけるんじゃないかな。もしシェア族の人の中で「いつかは結婚したい」「もう一度結婚したい」という想いを持っている人がいたら、ぜひ相手はシェア族の人を選ぼう。もちろんペア族の人も、どうせなら同じペア族の人を選んだ方がいいよ。

これまで「シェア族がペア族に合わせるしかない」とまるで決めつけるかのように書いてしまったが、きっと逆もあるよね。いずれにせよ、ペア族とシェア族の夫婦で、どちらかがどちらかに合わせて夫婦生活を送っていたとしよう（そうしないとそもそも夫婦関係が成り立たないからね）。ところが、今まで合わせていた方が「やっぱり私は（僕は）自分が本当に望む生き方をしたい」と言い出したら何が起こるか？

「共通言語がなくなる」

元々どちらかが合わせることで関係を保っていた夫婦だ、そりゃそうなるよね。こうなるとどれだけ丁寧に話したところで、相手に正しく伝わらなくなる。何を話しても自分の意図していることが、相手には全く違う意図として伝わるようになってしまう。そのうち意味不明な衝突が起きるようになるんだけど、なぜ今この衝突が起きているのかすら本人たちにもわからない。理解し合えないってこういうことだ。

これを収束させる方法は二つしかない。どちらかが我慢して相手に合わせるか、別れ・離婚という選択をするか。

「夫婦って話し合って関係を築いていくものでしょ？　合わせるとかそういうことじゃないでしょ？」と思うかもしれないけど、それはあなたがペア族だからかもしれない。

残念ながら、多数派（つまりここではペア族）の価値基準が正しいとされるのが世の中の常。実は少数派がそれに合わせているなんて思いもしないというのが現実だ。

悔しいが、今のところペア族とシェア族が本当の意味で分かり合えて、お互いに遠慮なく「自分の望む生き方」を貫ける方法が思いつかない。これから何十年先になるかわからないけど、恋愛観・結婚観が変わって、新しい価値基準が生まれたら、何かわかるかもしれないね。そんな淡い期待を抱いている。

幸せを左右する二つのパートナーシップ論

ここからは「結婚」がしたいのか「幸せ」になりたいのかを考えるにあたって、ペア族・シェア族とは別のパートナーシップ論の話をしていくね。人によってはここから先を読むと、生き方そのものが変わってしまうかも。ぜひ自己責任で読み進めてほしい。

まずは世の中のパートナーシップの形について、おさらいしてみよう。

好きになった異性と「恋人」になって、結婚をして「夫婦」になる、人によっては子育てをして、また夫婦二人でセカンドライフを送る。何度も繰り返すけど、大まかに言えば、まずはこれが主流。

そこに必ずしも愛が介在しているとは限らない。子どものため、お金のため、生活のため、世間体のために離婚を選択せず、愛のない結婚生活をただただ「延命」させている場合もある。長年連れ添ってきたから、という「情」だけで続いている関係もそうだ（それにしても「情」って便利な言葉だよね……）。

はたまた、夫婦を続けながら「不倫」をする人もいる。先にも書いたが、仕事を持つ既婚女性の約6割が不倫経験アリというデータもあるし、僕がイベントや講座で関わる既婚女性たちも楽しそうに不倫を語ってくれる（一度、イベント参加者全員が現在不倫中という会もあった！）。インフルエンサーや起業家と呼ばれるキラキラした女性たちにしたって、ＳＮＳで夫婦仲の良さをアピールしながら実は裏で不倫している、なんてよくあることだ。ほんと、不倫は文化ではなく、日常（それが悪いと言いたいわけではないよ）。

あるいはそこから「離婚」を選択する場合もある。この本では離婚についてはは多くを語らないが、僕のところには「離婚をしたいけど一歩踏み出せない」「だけど今の結婚生活を続けるのはもう限界」といった類の相談も日々舞い込んでくる。

近年になって入籍しない男女も出てきたよね。第1章でもちらっと触れた「事実婚」ってやつだ。入籍はしないけど、一緒に住んで、お互いに「結婚している」という認識でいるという形。手続きとしては住民票を「夫（世帯主）」「妻（未届）」、もしくは「妻（世帯主）」「夫（未届）」とすればいい。公的なサービス等を受けたいのであれば、さらに公正証書を交わしておく。現代ではそういった二人も増えてきた。

中には、たとえパートナーがいたとしても、あえて結婚・事実婚などの形をとらずに「独身」を続ける人もいる。未婚だろうとバツイチだろうとそういう生き方を選ぶ人も増えてきた。法律上は独身の方が楽だし、あえて結婚という形を選択するメリットがないと考える人もいる。

こうして書き出してみただけでも、意外といろんな選択肢があるんだよね。では、改めてあなたに問いたい。

あなたはなぜ、「結婚」「事実婚」という形を選択したんですか？

あなたはなぜ、「離婚」という形を選択したんですか？

あなたはなぜ、あえて「独身」という形を選択したんですか？

そして、この章のテーマだから何度でも聞くよ、
あなたは「結婚」がしたかったんですか？　それとも「幸せ」になりたかったんですか？


もうそろそろ認めてしまおう。**「結婚」＝「幸せ」**ではない。もちろん結婚をして本当に幸せになっている人もいるよ。でもそれはごく一部、もしくは二度目以降の話かもね。多くの人が気の迷いでなんとなく結婚して、なんとなく幸せになれるものだと思ってきたけど、ままならないのが現実だ。

「じゃあどうしたら幸せになれるの？」。その答えに近づけるのが、ここから紹介する二つのパートナーシップ論、《社会性パートナーシップ》【非社会性パートナーシップ】を理解することなの。

「家族・家庭の運営」に重きを置く《社会性パートナーシップ》

《社会性パートナーシップ》とは、結婚をして、結婚生活の中で幸せであろうとする人たちのパートナーシップの形、に僕が名前をつけたものだ。巷の恋愛論、恋愛心理学、パートナーシップ論、恋愛マニュアルなんかは基本的にこの《社会性パートナーシップ》をベースに語られている。

結婚がしたい人、既に結婚している人、結婚こそが幸せだと思っている人、パートナーとの将来を考えている人のほとんどは、この《社会性パートナーシップ》を求めて生きている。平たく言えば、「結婚」ありきの生き方。結婚生活というのは、「社会性」に重きが置かれた「社会生活」であり、夫婦とは「社会的責任」が生じる関係性である。

いまいちピンとこない、という人のために、いくつかのパートナーシップの形に当てはめて説明しておこう。

恋人：結婚して幸せになりたい人にとって、恋人とは将来を考える相手。今は恋人同士でも、将来的に結婚という社会的責任のある関係性を見据えている限り、そこにはすでに社会性が生じている。よく男性が「責任を取る」って言うでしょ？それです。仮に婚約して、それが破棄となった場合は慰謝料というリアルな社会的責任も発生する。

結婚：(婚姻)言わずと知れた、法律で社会的に認められた関係。税控除や、代理手続き、遺産相続などが可能になる一方で、貞操、同居(強制履行はナシ)・協力・扶助、費用負担などの義務が生じる。加えて、子どもが生まれたら「教育を受けさせる義務」が生じる。

事実婚：先にも書いたように、未届であっても住民票上は夫婦として認められる関係。公正証書をかわせば夫婦として公的サービスを受けることも可能になる。例え事実婚であっても、そこには社会的責任が生じる。

不倫：不倫の関係自体に社会的責任はない。でも、仮に不倫がバレたら責任を取らないといけないこともあるよね。慰謝料という法律的な社会的責任も生じるし、退職などの社会的制裁を受ける場合もあるだろう。バレた時の社会的責任の大きさや、社会生活への影響を考えると、決して社会性のない関係とは言えない。

離婚：結婚以上に面倒くさい（……おっと、つい本音が）、それ以上に社会的責任を負わされるのが離婚だ。財産分与や慰謝料などの金銭的責任、子どもがいる夫婦なら親権の問題や養育費の責任も生じる。なので、離婚をしても、むしろ結婚している時以上に、何かと社会性が絡んでくる。

二人だけの問題に見える関係性にも、実は「社会性」がつきまとっているんだよね。これらの共通点は、どれも「結婚」を取り巻いたものであるということ。こうした「結婚」を中心に考える人たちのパートナーシップの形は全て《社会性パートナーシップ》と呼ぶことができる。

《社会性パートナーシップ》の人たちの基本的な信念は「結婚」こそが正義。結婚して、子育てをして、家を買って、セカンドライフをおくる。そういった世間一般によくある、当たり前の夫婦像が《社会性パートナーシップ》の典型だ。この場合、男女としての愛やセックスの有無はあまり重要視されないことが多い。どんな形であれ、結婚生活を継続していることが最優先だ。

余談になるけど、そもそもこの「結婚」という概念は第1章で話した通り、明治政府がつくり出したもの。さらに元ネタがキリスト教から来ているということはあまり知られていない。男女は一対一で愛し合い、子どもをもうけ、生涯共に生きていくもの。それこそが生来の人間の幸せだと信じている人も多いと思うけど、実はそれ自体もつくり上げられたものだったんだよね。もちろんその価値観を否定するわけではないけど、結婚という概念が元々人間に備わっている本能でないことは確かだ。

《社会性パートナーシップ》では、「結婚」ありきで人生が設計され、その中身が幸せであるかどうかより、あくまで結婚生活そのもの、「家族・家庭の運営」が目的とされる。「男女としての愛」よりも「家族愛・親子愛」が優先され、人生を共に歩むパートナーとして「社会性」「社会生活」を育むことを目的とする関係性だと言える。

こう書くと結婚を否定しているように感じるかもしれないけど、そうではない。誰しも幸せになりたくて結婚という道を選ぶことはわかってるよ。僕自身、結婚する時はある程度結婚生活に希望を持っていたし、まさか自分が離婚するなんて思ってもみなかったしね。

本当はもっと夢のある話をたくさんしたいし、みんなにももっと幸せになってもらいたい。そのためにこの本を書いている。大丈夫、後でちゃんと幸せになれる方法も書くよ。もうちょっとこのまま読み進めてみてほしい。

愛とセックスで繋がる【非社会性パートナーシップ】

《社会性パートナーシップ》に対して、【非社会性パートナーシップ】とは、結婚という形にとらわれずただ愛し合うこと、セックスをすることで幸福を感じ合う関係性を言う。

ここで使う【非】とは決して「よくないこと、正しくないこと」という意味合いではなく、「そのことではない、それには当てはまらない」という意味合いの【非】。《社会性パートナーシップ》に当てはまらないという意味ね。今のところこれ以外に適切な言語化ができていないので、若干紛らわしい表現ではあるがご容赦願います。

【非社会性パートナーシップ】を求めるのは、先に書いた《社会性パートナーシップ》の価値観に違和感を抱いている人たち。こちらは圧倒的少数派なので、きっと今まで正体のわからない生き辛さを感じてきたはず。違和感を覚えながらも、社会全体がそのシステムで動いているから仕方なくそれに合わせるように結婚して、なんかシックリ来なくて、離婚した人もきっと多いと思う。

お察しの通り【非社会性パートナーシップ】が合うのはシェア族の人がほとんど。シェア族が《社会性パートナーシップ》の形に憧れるという話は聞いたことがない。もちろん、何かしらの理由や目的があって《社会性パートナーシップ》の形を選択する場合もあるだろうけど、きっと内心いろいろと我慢してるんじゃないかな。

【非社会性パートナーシップ】の目的は至ってシンプル。男女の愛で愛し合うこと。そのツールとしてセックスを重要視していること。

将来のことはあまり考えず、今いかに幸せに生きるかを考える。パートナーがいても「生涯を共にしたい」ではなく、今好きだから一緒にいるという認識。つまり、結婚が前提とされない、「社会性」を伴わない関係性だと言える（人によっては「無責任」とか「遊び」とか表現されたりもする）。

【非社会性パートナーシップ】については これ以上言葉にすることがない、至ってシンプルな関係性だ。

第3章

愛とは何か

愛の定義はあなたの都合によって変化するもの

「愛って何ですか？」

この仕事をしていてよく聞かれることでもあるし、聞かれてもなんとも返答に困るのがこの問いだ。

そんなもの人によって定義が変わるし、それぞれのカップル・夫婦間で存在する愛の種類や形は千差万別。あなたの思う愛と僕が思う愛はほぼ間違いなく違うし、違うからこそ二人の間で様々な問題が起こるし、稀《まれ》に愛を感じられた時は感動する。「愛とはこういうものです」と簡単に定義できるなら誰も愛で悩むことなんかなくなるよね。

よく「無償の愛が欲しい」と言っている女性を見かけるが、そもそも無償の愛を求めている時点で「それって有償の発想なんじゃないの？」って思うのは僕だけだろうか？（笑）。

こういう話題になると「愛は求めるもの」「愛は与えるもの」の二派に分かれがち

なんだけど、求めるにしろ与えるにしろ認識しておかなければならないのは、

・自分が求めている「愛され方」と、相手の「愛し方」が一致するとは限らない。

・自分の「愛し方」と、相手が求めている「愛され方」も一致するとは限らない。

これを世間では「価値観の相違」と表現するんだろうけど、愛を求めるにしろ与えるにしろ、

・自分のされたいように愛されなかったら、そこには共通の愛は存在しない。

・自分の思うように愛しても、相手がそれを愛だと感じなければそこに共通の愛は存在しない。

要するに、愛というものは自分の都合によって表現方法も受け取り方も変わるものなんだよね。たまたまそこが一致する人が現れたらラッキーなだけ。

そこをちゃんと認識していないと、お互いに自分なりに愛を表現しているのに「私はこんなに愛しているのにあなたは全然喜んでくれない！」とか「私はあなたから愛されたいだけなのに、どうしてもっと愛を表現してくれないの？」とか「そんなのは愛じゃない！」というすれ違いが生じる。

だからこそ「愛とは何か？」を語り合うのではなくて、
・自分が表現したい愛し方はこういうもの／自分がされたい愛され方はこういうもの。
・あなたの愛し方ってどういうもの？／あなたが求める愛され方ってどういうもの？

パートナーとこれを話し合っておかないと愛は必ずすれ違うよ。

恋と愛の違い

人は恋に落ちると「ドキドキする」とか「胸が苦しい」とか「気がつけばいつもあの人のことばかり考えちゃう」とか、なんかちょっと頭おかしくなるよね？（笑）。あ、良い意味でね！

これは脳科学的にいうと「脳がパニックになっている状態」で、あらゆる判断力がチンパンジー並みに落ちるといわれている。だから、恋している人は時々常人には理解出来ないことをしでかしたりするでしょ？

そして恋が実り、ある程度の交際期間が過ぎるとそのドキドキも落ち着き、一緒にいるのが当たり前になり、空気のような存在になる。そういう状態を愛だと表現する人もいると思う。これを脳科学的に表現するなら「脳のパニックがおさまった状態」。パニック状態のままだと命の危険すらあるため、脳は「早く正常の状態に戻さなきゃ」と頑張って恋のドキドキをおさめようとする。多くのカップル・夫婦に訪れる倦怠期はそのためだったりする。

それは決して悪いことではなくて、ただ単に脳が正常な状態に戻っただけ。一般的には、そこから関係性を深めたり、様々な障害を乗り越えたり、二人だけの甘い時間を積み重ねることで愛を形成していくものだと考えられている。

では、恋と愛って何が違うのか？　これも人によって定義が違うから一概には語れない……が、そんなことを言っていると話が進まないので、ここで僕なりにある程度定義しておきたい（必ずしもこれが正解だと言いたいわけではない）。

恋とは：相手に好かれること・大切にされること・自分の気持ちや自分に対する行為を優先してくれることを期待し、相手に好かれるためにあらゆる努力をし、自分のものにしようとするための期間。自分には彼（彼女）しかいない、彼（彼女）だけが心の拠り所だと執着し、離れたくない、一人になりたくないと依存しがち。そのためにあらゆる手段で相手が自分から離れないように、自分の思い通りになるようにコントロールしようとする。

「期待・依存・執着」、恋愛をこじらせる人は必ずこの〝恋愛三大こじらせ要素〟のどれかで関係を破綻させる。言い方を変えると、この三大要素さえなくせば恋愛は上手くいくんだよね。また、これで関係を破綻させる人は、前述した「自分のされたい愛され方じゃない！」「自分の愛を受け取ってくれない！」と訴えることが多いとも言える（恋愛期間だけならともかく、結婚後もこの三大要素で関係をこじらせている夫婦もよく見かけるけどね）。

愛とは：恋に見られるあらゆる期待・依存・執着・コントロールを手放し、相手の自由を見守ることができる。相手が存在してくれるだけで愛おしく感じ、離れていてもまるで一緒にいるかのような感覚がある。自立した（一人でも幸せに生きられる）男女がそれぞれの愛の形を素直に表現できる関係性。自分や相手の愛情表現を互いに理解しているため、例えそれが一致していなくても「それがあの人の愛情表現だし、愛されてることはわかってる」と、特に気にしない。

人それぞれいろんな考えがあるだろうけど、ここではこのように定義しておきたい。というのも、次からお話しする内容にどうしても必要だからだ。

「恋が昇華して生まれるものが愛」という勘違い

一般的な恋愛観・結婚観を持つとされる《社会性パートナーシップ》の人たちにとって、恋愛とは、特定の異性のことが気になって、お近づきになって、告白して・されて、お付き合いをして、デートをして、セックスをして、お互いをわかり合おうと努力して、様々な障害を乗り越えて、気持ちを高めあって、関係を深めあって、信頼度を増して、絆をつくっていくもの。

二人で様々な経験を重ねるうちに、恋の「純度」が上がり、いずれそれが「愛」になり、その結果たどり着く関係性が結婚だと認識している人が多いはず。

つまり、《社会性パートナーシップ》を求める人にとって、「愛」とは「恋」を昇華させてつくり上げるもの！　という価値観があると言える。世間に溢れている恋愛マニュアルも、このプロセスをいかに上手くこなすかを書いているものばかりだ。我々は子どもの頃から、このプロセスを踏むことが恋愛だと思っていたし、ちょっと大人になれば、その方法を熟知している男女がモテた。逆にそういった正規の（？）恋愛プロセスを踏まずして始まった関係性を、「ふしだらな関係」「（本気ではない）遊びの関係」などと表現することさえあるくらいだ。

本気の恋愛・本気の関係性とは、兎にも角にも男女の関係はまず恋から始まるもの。その後、交際期間を経て、愛となり、結婚へ行きつく。そうじゃない関係なんて普通ではない!!

まずは恋！　とりあえず恋！（とりあえずビール！　みたいだね（笑）。すいませーん！　とりあえず恋一つ！）。

そして二人の間で愛が生まれたと感じるようになると（勘違いも多いけど）、今度は愛を計ろうとし始めるカップル・夫婦も多い。愛されることに執着する人は愛というものをどうしても、純度、大きさ、重さ、深さ……そういった基準で計りがちだ。

その上で、私たちの関係は本気で本物だし、これからも私たちの愛は永遠に続くもの！　だと思い込もうとする。愛とは「高尚」なものだし、二人の愛はそこを目指すべきだし、それを手に入れることこそが本当の幸せ。その道を外れた人は負け組だから、私たちは絶対に失敗できないし、失敗しない。そんな風に意気込んでいる人もいるんじゃないかな。

でも、本当にそうなのだろうか？　マニュアル通りに積み上げないと、愛にはならないのだろうか？

恋愛期間が不要な「いきなり愛」で始まる関係

恋愛のプロセスを踏んで愛をつくり上げる《社会性パートナーシップ》の形が一般的だとすると、【非社会性パートナーシップ】の愛の捉え方は特殊かもしれない。

誰かと愛し合うのに「恋」は必要ない。いきなり「愛」でいい。

形に囚われずにただ愛し合うこととセックスをすることで幸福を感じ合う【非社会性パートナーシップ】では、告白も交際期間もなく、いきなり愛、いきなりセックスなんてことがよくある。そういう感覚の人が多いんじゃないかな。

【非社会性パートナーシップ】の中では、異性と関係を始めるのに必ずしも恋を必要としない。その後も愛だけで繋がって、愛し合うだけの関係なので「愛しかない愛」としか表現できない。愛以外に特に必要なものがないからだろう。

では【非社会性パートナーシップ】の人たちに恋という概念は存在しないのかというと、決してそんなことはない。ただ、彼ら彼女らにとって恋は積み上げていくものではない。すでに愛し合っていることが前提なので、恋はちょっとしたレジャーのようなものだ。恋におけるドキドキやワクワク、いろんな葛藤や障害ですら、愛し合っているという前提があれば、純粋に楽しむことができる。「ああああああ！　苦しい！辛い！　寂しい！　悲しい！　嫉妬しちゃう！　ムカつくー！　わーぎゃーくそーこんちくしょー！」を、レジャー感覚で、遊びでやる。

《社会性パートナーシップ》の人たちは、たぶんそれを深刻にやってるから本気で辛いんだよね。だからどうしても乗り越えられない何かにぶつかったら、それを理由に別れちゃう。きっとそれが当たり前なんだろうけど、【非社会性パートナーシップ】の人たちからすれば「何をそんなに深刻になってるんだろう?」と不思議で仕方がなかったりする。

繰り返しになるけど、【非社会性パートナーシップ】の人たちにとって恋はあくまでレジャー。仮に何かしら障害が起きても、いちいち深刻になることはない。それはそれ、これはこれ、恋は恋、愛は愛。そもそも恋の純度を高めればいつか愛になるなんて思ってないんだよね。だから真剣に楽しむことはあっても、深刻に陥ることはない。「今日何するー?」「じゃあ恋愛ごっこでもしようかー」。そんな感じ。

前項で恋と愛の違いを説明したけど、恋の定義・愛の定義を理解すればそもそも恋と愛は全く別物だということがわかるよね。なのでどれだけ恋の純度を高めていったとしても、それが愛になることはない。それは愛になったつもりでいるだけ。

夫婦の愛を恋の延長だと考えるから、すぐに関係性がダメになってしまうんだよね。

別に一般的な恋愛プロセスを否定しているのではなくて、そこからそれが愛になることはないし、恋と愛の違いを理解しておかないと結婚しても結局は同じことの繰り返しだよ、ということ。

あと、ちょっと補足。一般的な恋愛プロセスを踏んで愛をつくり上げる《社会性パートナーシップ》の価値観だけで生きていると、ゆくゆく困ることがある。将来、離婚してまた素敵な人と再婚したいと考えている女性には特に注意してほしい。それは、ある程度年齢を重ねると、いわゆる恋の始まりである「ドキドキ」とか「ときめく」とかを感じにくくなる、という問題だ。

「新しい出会いを探しているけど、なかなかドキドキする人に出会えない。やっぱり素敵な人はみんな結婚してしまっているんでしょうか……?」とよく相談される。それは決して出会いに恵まれていないわけではなくて、もうあなた自身に恋のドキドキが起きにくくなっているだけなのよ。

恋のドキドキは「脳がパニックになっている状態」と説明したでしょ? 脳がパニックになると脈拍にも異常をきたすし(下手したら不整脈を起こすし)、判断力はチンパンジー並みに落ちて何をしでかすかわからないしで、年齢が上がれば上がるほど恋って命のリスクでしかなくなるの。なので脳は命を守るために、素敵な人に出会っても「ドキドキ」を感じさせないようにしてる。

今まで僕はこれを「大人になって脳が成熟したから簡単にはドキドキしなくなるものなんですよ」と説明してきたが、実は本当のところはそうではなくて、ただ単に「脳の老化」なだけなんです……。今まで本当のことを言えなくてごめんなさい。でも、面と向かって「それは脳の老化ですね」なんて言えないし……。

ただ、脳の老化は簡単に防げるし、年齢を重ねてもドキドキする人はするので全員が全員そうなるわけではないですよ、という言い訳はしておこう（笑）。

「純愛」とは何か？　～愛にも種類がある～

人が愛を語る上で必ず通るところ、そして多くの人が求めるであろう愛の種類。それは、いわゆる「純愛」というやつだ。愛されたいと言う人は、きっとこの純愛というもので愛されたいんだろうね。

ところで、純愛とは?

邪心のないひたむきな愛。その人のためなら命を犠牲にしても構わないというような愛。肉体関係を伴わない愛(プラトニックラブ)。見返りを求めない愛。などがある〜Wikipediaより。……う〜ん……ちょっと何を言ってるかわからない(笑)。

この章の最初にも書いたけど、愛というものはその人の都合によって形も内容も変わる。ということは純愛もそうだよね。人によって純愛というものの形も内容も価値観も変わる。結婚している人、パートナーがいる人はぜひ今度二人で「純愛とは?」について語り合ってみるといいよ、答え出ないから。

それぐらい愛・純愛というものは「曖昧な概念」でしかない。そして曖昧だからこそ愛を純度、大きさ、重さ、深さといった主観的な基準で計りたくなる。そんな曖昧なものを求めているから迷子になるのよ。というわけで、ここでは純愛にも一つ定義をつけてわかりやすくしてみようと思う。あと、愛の種類についてもね。

実は《社会性パートナーシップ》と【非社会性パートナーシップ】では得られる愛の種類が違う。どっちが良い悪いではなく、単純に種類が違う。

まず《社会性パートナーシップ》で得られる愛の種類について。《社会性パートナーシップ》は結婚という形・制度の中で、愛を育み、家庭をつくり、家族を運営していくことが主たる目的なので、男女の愛よりも他の愛の方が優先されることが多い。例えば、恋愛・夫婦愛・親子愛・家族愛、など。

恋愛は結婚に至るまで。結婚すれば恋愛よりも他の愛が優先されていく。じゃあ夫婦愛と男女の愛は何が違うの？　と疑問に思った人もいるとは思うが、ほら、よく聞くでしょ？「うちはもう長いから、『情』で繋がってるようなものだよねー」ってやつ。出た！　情！　何それ、美味しいの？（笑）

この情というものは、その時点で既に男女の愛ではなくなっているもの。別にドキドキもしないし、一緒にいるのが当たり前で空気みたいなものだし、別にセックスもしないけど、それでも大好きな存在。そういうものが夫婦愛なんじゃないかな。中には「好きでもないしなんなら嫌いだけど、それでも家族としての情だけはあるから別に離婚するほどではない」という意味で「情」という言葉を使う人もいる。情って便利だね。

《社会性パートナーシップ》というものはあらゆる社会性が伴うもの。恋愛、結婚、出産、子育て、家族の運営。そういったものを二人で、家族で乗り越えてこその愛。それが夫婦愛であり、親子愛であり家族愛なんだと思う。

この辺りの愛の種類は【非社会性パートナーシップ】の人には得られないものなので、《社会性パートナーシップ》の人たちは得られる愛の種類がたくさんあって羨ましいなー、と思うこともある（あるけど別に欲しいとは思わないけども）。

では【非社会性パートナーシップ】で得られる愛の種類は何があるのか？【非社会性パートナーシップ】は社会性を伴わない関係性。恋愛をすることもなく「いきなり愛」だし、夫婦愛も家族愛もないから、愛とセックスで「愛するだけしかない愛」「愛しかない愛」しか得られないんだよね。まぁ、それだけあれば十分なんだけども。

ここで一つ話題を戻したい。「純愛」とは何か？　前述したように愛は、純度・大きさ・重さ・深さといった尺度で計ろうとするから訳がわからなくなるものだけど、純愛ってそういうことじゃないんだよね。あくまでここでの定義だけど、

純愛とは：社会性の伴わないセックスや関係性で「愛するだけ」しかない愛。「愛しかない愛」。

こういうことを言うと必ず「私は結婚しているけど（《社会性パートナーシップ》だけど）、愛は純愛です」とか言ってくる人がいるんだけど、だから違うって、そうじゃないんだって。そう言う人が言う純愛って純度・大きさ・重さ・深さで計った愛っていう意味でしょ？　もちろんそれも愛だろう、だけどここでいう純愛とはあくまで「社会性の伴わないシンプルな愛」（いい加減、愛というものをそういう価値観で計ったり、他と比べたりするのをやめたらいいのに……）。

そういう意味で、《社会性パートナーシップ》で得られる愛は、社会性が伴っている（社会性というものが混じっている）愛なので、ここでいう純愛とは違うと言える。対して【非社会性パートナーシップ】で得られる愛は、社会性が伴っていない（社会性というものが混じっていない）愛、ここでの純愛だと言える。

【非社会性パートナーシップ】の人たちは《社会性パートナーシップ》の人たちが得られる恋愛・夫婦愛・親子愛・家族愛というバリエーション豊富な（？）愛が得られない代わりに、この純愛というものを手にしているのかもしれない。繰り返すけど、どっちが幸せかは人によるし、他と比べることではない。

信じるとか、信じられないとか、裏切られたとか論

「あなたのことを信じてる」とか「あなたのことはもう信じられない」とか「ひどい！裏切ったのね！」とか。

実はこういう話は《社会性パートナーシップ》の人たちの中でしか起こらない価値観・概念だったりする。【非社会性パートナーシップ】の人たちの中では正直こういう話はほとんど聞かない。その概念がそもそも必要ないからね。

何度も言うようだけど《社会性パートナーシップ》とは結婚生活、家庭・家族を上手く運営していくことが主たる目的だ。そこで得られる愛は、情で繋がる夫婦愛や、親子愛、それらをまとめた家族愛といった類の愛だったよね（その上で可能なら「男女の愛」も深めたい、という《社会性パートナーシップ》をやっている人はあまりいない）。

そしてそのためには「夫婦の形」「親子の形」「家族の形」をしっかりと綺麗に維持する必要がある。では、そのために必要なものとは何だろうか？　それは、

信頼関係。

これがなければ人生を一緒に生きていく＝社会生活を共に運営していくなんてできない。一緒に子育てして、家庭・家族を築いていくなんてできない……。だって、そう教えられてきたし、それが当たり前と思って生きてきたからね。もちろんそれは間違いではない。

だからこそ「信じてるからね」と期待を押し付けてしまうし、「信じてもらいたいなら信じさせてよ」と相手をコントロールしたがるし、「裏切られた！」って自分の期待通りにしてくれなかったことに怒ったり、「もう信じられない！」で関係が終わったりする。

例えば、不倫をされたり、ギャンブルでお金を使い込まれたりしたら「信用してたのに裏切られた」という話になるし、そんな人とはもう人生を共に歩もうとは思えなくなるよね。それが当たり前の価値観だよね。

ではなぜ、《社会性パートナーシップ》には信頼関係が重要なのか？　その理由は至って簡単。

安心が欲しいから、だ。

信じたい、信じさせてよ！　というのは言い方を変えれば「安心させてよ」なんだよね。信頼関係ができると安心できると思ってるの。《社会性パートナーシップ》の人たちは相手を、パートナーという存在を使って安心を得たい！　と思っている人が圧倒的に多い。言い方を変えると、一人で安心感を得るのが難しいのが《社会性パートナーシップ》なんだよね。

実は【非社会性パートナーシップ】にはそういう価値観・概念がない。そもそも一人でも幸せに生きられる人種だし、誰かに安心させてもらう必要がない。自分自身を誰よりも信じてるしね。だから大切な人のことは、何の他意もなくただひたすらに愛することができるし、人間関係において相手を信じるとか信じられないとか、裏切るとか裏切られたとかいう議論が全く生じない。そもそも、信じているから愛している、信じられないから愛せない、そんなものは愛でもなんでもないんじゃないかな。それこそ社会性の最たるものだし、ただの損得勘定だよね。

信じるとか信じられないとか裏切られた論に必ずついて回る問題が、「嘘」だ。《社会性パートナーシップ》の人たちにとって嘘は大罪であり「もう信じられない！」や「裏切ったのね！」に直結する大事件だ。

対して【非社会性パートナーシップ】の人たちにとって、そんなことはどうでもいい。仮に嘘つかれても信じるだろうし、嘘ごと愛するだろう。そもそも嘘をつかないといけないような関係性では【非社会性パートナーシップ】は無理だと思う。

仮に今僕に【非社会性パートナーシップ】でセックスしたり愛し合ったりする女性がいたとして、その女性に《社会性パートナーシップ》でいうところの彼氏ができたとして、その彼氏との「結婚」という生き方を選択した、と告げられたとしても「そっかー、今度はそっち（《社会性パートナーシップ》）で生きていくのね、頑張ってね！　おめでとう！」って普通に言える。

《社会性パートナーシップ》の人たちからすれば「は？　意味わからん」って言われそうだけど（笑）、そういうものなのよ。その人がその生き方を選んだのであれば応援するのもまた愛だし、そこに依存や執着がないのが【非社会性パートナーシップ】。

仮にその人との関係が終わったとしても、ただその人が存在していて幸せになってくれればそれでいいし、自分が幸せにしたかった！　とも思わない。ただその人がこれからも幸せでいてくれればそれでいい。本当にそれでいいのよ。何も望まないし、何も求めないし、何も所有したいと思わない。本当にそれで良いの。

それもまた愛だよ。

「愛され（たい）女子」が幸せになれない理由

ちょっと話題を変えよう。巷には女性向けに「愛されるための何とかメソッド」とか「愛され妻になれる10の秘密」とか「女は愛されるだけでいい」とか、とにかく「愛されて幸せになりたい」人に向けたマニュアルが腐るほど存在している。

それだけ多くの人が「愛されたい」と願っているということなのだろう。なんせ、そういったマニュアルは間違いなく売れる。そして、パートナーシップ系の仕事で起業した人間はまずここを通る。その方が楽だからだ。

特に平成の時代はこの「愛されメソッド」的なものが大流行した。時代背景的な要素もあったのかもしれないけど、とにかく流行った。ネット上をちょっと探せば「愛されメソッド」的なものがすぐに見つかるし、それが流行ったおかげで「まだ愛され方が全然足りないんですけど？」「もっと愛せるよね？　それでも男なの？」といった感じの勘違い女子もたくさん生まれた。そして「愛されメソッド」を実践したせいで（おかげで？）パートナーシップが崩壊したカップル・夫婦もたくさん見てきた。

ではなぜこんなにも「愛されメソッド」が流行ったのか？　それは、ほとんどのパートナーシップに社会性が絡むから、《社会性パートナーシップ》がパートナーシップの主流だからだ。

これまでさんざん書いてきたように《社会性パートナーシップ》の人たちの主の目的は家庭・家族の運営である。

いつしか夫婦間で男女の愛を交わすこともなくなり、セックスレスにもなり、何かと悶々とするけど、周りの夫婦もそんな感じだし、別にそこまで今の生活に不満があるわけでもないし、かと言ってそこまで「ああ！　幸せ！」ってほどでもないけど、別に離婚するほどでもないし、「ああ〜、このまま平穏に年をとっていくだけの人生なのかなー」なんて思いつつ、それが当たり前と思って過ごす日々。

しかし、ＳＮＳを見ればそこには幸せそうな夫婦やカップル、セックスを謳歌している夫婦が山ほどいて、パートナーシップ研究家とか夫婦問題を扱ってる専門家もいて、世間の夫婦・カップルをブログでめっちゃディスってる人もいる！（僕のことです）そういう発信を見ていると、「あれ？　私って本当に愛されてるのかな？」「めっちゃ幸せそうな人たちばかりなんだけど……」って、今の自分たちの関係に疑問を抱き始めるのね。

そしてそんなところに「女は愛されるだけで良いんだよ～」とか、「愛され女子になって幸せになろう」とか、そんな発信を見つけると、

「え？　女って愛されるだけでいいの？　今までいろいろがんばってきたけど、愛されるだけで良いの？　私も愛されるだけで幸せになりたい！　今の結婚生活で感じられなくなった『愛されてる』を感じたい！　もう一度旦那から愛されたい！　旦那から『愛されるだけ』で生きたい！」

って、なるよね？　ならない方がおかしいぐらいだよ。

当たり前だけど、人って楽な方へ流されやすい。だから「愛する」よりも「愛される」という楽そうで耳ざわりの良い言葉に流されてしまう。

そういう女性に対して、僕は一つの疑問が浮かぶ。え？　じゃあ、あなたは旦那を男として愛していたの？　愛されるほど、愛していたの？

そりゃーね、「愛する悦び」も知らないのに「愛されること」ばかり求めてちゃパートナーシップも破綻するよ。

脳科学から見ても「愛される」だけでは真の幸福感は得られないことがわかっている。愛されて感じる幸福感は安心感。しかしこの安心感って、慣れるんだよね。慣れるし飽きる。だからもっともっと！ってなる。

しかし「愛する悦び」からは、相手のことを愛おしいと感じられるという幸福感が得られる。僕はこれこそが男女の愛の真髄だと思っている。愛する悦びは飽きないし、もっともっと愛しても良いし、これほどの幸福感は「愛される」では絶対に得られない。脳科学的にも「愛され（たい）女子」は幸せにはなれないようになっているんだよね。

もっと言うと「愛されたい」「愛されて幸せになりたい」「女は愛されているだけでいい」という発想は前述した通り、思考が楽な方楽な方を選択しているということ。人間ね、そうやって「楽して○○したい」「楽して○○になりたい」って思うようになったらもう……

脳の老化が始まっている証拠なのよ。人間の老化って脳から最初に始まるのね。脳が老化を始めるとそこから身体も老けていくの。いつまでも若々しくいたいなら「愛されたい」だけじゃ無理なのよ。

「愛する悦び」を得られるように、自分から相手を愛する！　ことこそ若々しくいられる秘訣だし、幸せになれる秘訣でもあるんだよ。

「愛する悦び」と「尽くす」は全くの別物

愛するよりも愛されたい、愛されて幸せになりたいって思ってる人はもしかしたら「愛する＝尽くす」っていう意識があるんじゃないかな？　尽くすっていうのはなんだか一方通行で、いくら尽くしても報われない、幸せになれない！　みたいなイメージがあるよね？　だから「愛する（尽くす）よりも愛された方が幸せになれる！」「女は愛されるだけでいい」って考えたくなっちゃうんじゃないかな。

はい、図星の人は心の中で挙手（笑）。

そういう人はね、単純に相手選びを間違えただけか、そもそも「愛する」というものを勘違いしているのかもしれないね。じゃあ、「愛する悦び」って何なのか？

愛することが直接幸福感につながるというよりは、愛させてもらえる幸せ・愛を受け取ってもらえる幸せと表現した方がわかりやすいかな？　「愛する悦び」とは一方

的に愛そう！　という意味ではなくて、まず私の愛を受け取ってもらえる関係性があることが大前提なのね。それがあっての

①私が愛して、②相手が私の愛を受け取ってくれて、③「相手が私の愛を受け取ってくれている」という愛を私が感じ取る。これが「愛する悦び」だよ。これは尽くすとは全然違う。

では「尽くす」とは何なのか？

僕のブログでも過去に「尽くす女性は幸せになれない」と何度か書いた記憶があるけど、これはもう文字通りとしか言いようがない。尽くすというのは、「自分の愛を、相手に向けて使い尽くす」という意味だね。ほら、よく「愛は循環」とかいうでしょ？　愛する悦びになるのか、愛を使い尽くすのかは相手があなたの愛をちゃんと受け取ってくれているかどうかで変わってくるんだよ。さっきの「愛する悦び」の定義を思い出して！

①私が愛して、②相手が私の愛を受け取ってくれて、③「相手が私の愛を受け取ってくれている」という愛を私が感じ取る。

尽くすというのはこの②と③がない関係性のことをいうの。尽くす人って、ずっと①ばかりやってるの。あなたはずっと相手に愛を与え続けることばかりやっていて、②と③がない。だからあなたは愛の補充ができてないし、愛が循環していないのね。

そしていつしかあなたは自分の愛を「使い尽くして」しまって、疲弊して、辛くなって、悲しくなって、幸せを感じられなくなるだろう。《社会性パートナーシップ》の中で生きようとする人たちはこの悩みを抱えていることがとても多い。

「愛しても愛しても幸せになれません。こうなったら私は『女は愛されるだけでいい！』をやって愛されて幸せになります」って、流行りの愛されメソッドに手を出してしまう。だけど、そもそも愛が循環していなかったんだから、何をやっても愛されるようになるわけない。今までの夫婦関係よりもさらに関係性が悪化して離婚に至る。そんな人をどれだけ見てきたか……。

もちろん、全ての「愛され（たい）女子」がうまくいかないとは言わないし、場合によっては奇跡的にうまくいくこともあると思うよ。けど、現実は、結局うまくいかないから旦那との男女の愛は諦めて、外に男つくって不倫して満たされた気になっている。そんな既婚女性がいっぱいだ。

こういう話をすると「愛するって何ですか？　何をすれば愛することなんですか？」とか言ってくる人もいるんだけど、こういう人は愛することを難しく考えすぎ。心理学とか感情論とかそういうところから理解しようとしてるから、余計にわからなくなるんだよね。最も簡単に「愛する」を実践したいなら、

肉体を愛すること。 要するに、セックスしてくださいってこと。

その点、そもそも愛し合うこと、そしてセックスに没頭することが目的の【非社会性パートナーシップ】なら、至ってシンプルなんだよね。日常的に愛する悦びを感じ合える。

多くの人が肉体を愛することを一番最後にしたがり過ぎる。「肉体の前に、心とか、感情とかそういうことが先でしょ？」なんて本気で言う人もいるけど、肉体を愛することを追求していけば、勝手に「愛する悦び」を得られるようになるんだよ。

第4章

幸せなセックスの見つけ方

すれ違う男女のセックス事情　～生物学的性欲論～

「女性の性欲は40代で爆上がりする！」。聞いたことある人も多いよね。まさに今40代ならすでに実感している人もいるかもしれないし、「更年期かな？」くらいに思ってる人もいるかもしれない。もちろんその、程度にも時期にも個人差のあることだから、どっちの場合も異常ではないので安心してほしい。

そう、これはまぎれもない真実。ここで生物学的な裏付けをさくっと説明しておこう。人間の体にはもともと女性ホルモンと男性ホルモンの両方が分泌されている。意外に思うかもしれないけど、女性にだって微量ながら男性ホルモンは分泌されているんだよね。逆も然り。つまり、その量に差があるってこと。

女性の場合、20代～30代の出産適齢期を過ぎたあたりから女性ホルモンが少しずつ減り始めて、40代半ば頃に一気に少なくなり、閉経後の分泌はほとんどなくなる。閉経の平均年齢は50・5歳だから、40代はまさに女性ホルモンの量の変化が一番激しい年代だと言えるんだよね。一方、微量とはいえ、男性ホルモンの分泌量は変化しない。

当然、相対的な男性ホルモンの血中濃度はだんだん高くなってくる。

そして、この男性ホルモン、テストステロンには性衝動を高める働きがあるとされている。つまり、加齢によるホルモンバランスの変化によって、女性の性欲は上がる。

僕は今の話に加えて、ある種女性の本能的なものも関係していると考えている。閉経を前に「子どもを産むんだったら今が最後よ！　産んどけー、つくっとけー！」って叫び出す感じ。体としては一人でも多くの子孫を残しておきたいはずだから、そう考えてみてもごく自然な働きだよね。

ついでに男性はというと、10代～20代をピークに体内の男性ホルモンの分泌量が緩やかに減少していく。30代からは残念ながら減る一方だ。男性ホルモンの代表格といえば、さっき出てきたテストステロン。つまり、それが減少するということはイコール性欲が減退するということでもある。

「えっ、男性って死ぬまでセックスしたいんじゃないの？」ってよく聞かれるけど、それはファンタジー。騙されたままでいてくれてもいいけど、実際のところはそうじゃないことの方が多い。もちろん、中にはずーーーっとしたい！　っていう人もいるよ。もともと男性ホルモンの分泌量自体に個人差があるから、人によって違うって言っておいた方がいいのかな（笑）。

得てして、**40代で爆上がりする女性の性欲と30代から下降の一途をたどる男性の性欲はどんどんすれ違っていく。**

夫婦で考えてみるとよくわかる。今さらセックスがしたくなる妻と、もうとっくにそんな気分じゃなくなっている夫。さらに40代〜50代と言えば、仕事が充実してくる年代とも重なるから、夫にしてみれば物理的にも精神的にも肉体的にもそれどころじゃない……。

ちなみに、日本における婚姻関係にあるカップルのセックスレスの割合は51・9％（ジャパンセックスサーベイ２０２０）。男女の生物学的な性欲のすれ違いも大きな要因になっているはずだ。

セックスレスにもいろんなパターンがあるけど、僕の肌感覚としても「妻はしたいけど、夫はしたくない」っていう相談が多い。セックスレスを解消したいとか、夫婦でもっといいセックスがしたいという思いで、僕の性教育講座を受けた人は今や千人以上にも及ぶから、このことで悩んでいる女性は潜在的にもっともっとたくさんいるはずなんだよね。

あと、よくあるのが「妻はしたいけど、夫とはしたくない」ってパターン。理由は人によってそれぞれだけど、要は完全に夫を男として見られなくなってしまったってこと。で、そんな妻たちがどんな行動をとるかといえば……でなきゃ世の中、こんなに既婚女性の不倫が増えるわけないよね。

まぁ、そこで不倫してしまえる人ならまだマシ（？）で、現実問題そういうわけにはいかない人、今シングルで身近に相手がいないっていう人もいるよね。あるいはもう今さらセックスなんて……と思ってる人もいるだろう。でも、ここで言っておこう。

セックスしないならしないだけ、膣は劣化するんです！

この言葉に危機感を持ってくれたらとりあえずＯＫ！　でも、まだピンとこない人もいるよね。確かに膣は日常的に目にする部位じゃないし、触れるってこともあまりないから、変化や不調に気づかない女性は多い。お肌のお手入れは頑張ってるのに、みんな膣に関してはノータッチなんだよね。でも膣こそが、女性の健康、美しさ、若さに深く関係しているって知ってるかな？

女性ホルモンの一つであるエストロゲン（卵胞ホルモン）は、簡単に言うと女性らしさをつくるためのホルモン。女性らしい丸みを帯びた体をつくったり、コラーゲンをつくる細胞を活性化させる働きがある。自律神経を整えたり、骨、皮膚、粘膜、関節、脳の働きにも関わっていて、何より膣を健康で若々しく、清潔に保つという重要な働きがある。

ところが、さっきも言ったように40代からエストロゲンの分泌量は低下する。だんだん肌のハリや髪のツヤがなくなるのと同様に、膣にも変化が起こってくる。膣内の潤いがなくなって乾燥しやすくなってきたり、膣粘膜の厚みが減少して萎縮してしまったり。こうなるとセックスも痛いだけで楽しめない。また膣の自浄作用も低下してしまうから、膣炎や感染症にもかかりやすくなってくる。

加えて膣と同じ様に衰えてくるのが、膣や尿道、肛門を支える筋肉群である骨盤底筋。セックスの時、男女ともに快感が得られるのはこの筋肉で膣が締まるからだし、普段トイレをある程度コントロールできるのもここのおかげ。この筋力が弱まると、尿もれや頻尿、さらには膀胱や子宮・直腸が膣から飛び出してしまう骨盤臓器脱さえ引き起こしてしまう。

で、それを一気に解決してくれるのが、実はセックスなんだよね。膣の血行はよくなるし、膣分泌液によって潤いはもたらされるし、同時に骨盤底筋も鍛えられる。愛する人とのセックスなら精神的にも満たされるから、良好なホルモンバランスの天敵であるストレスだって緩和されるしね。まさに一石三鳥以上の効果がある。

実際、定期的にセックスしている人は、そうじゃない人に比べて血中のエストラジオール（エストロゲンの成分の一つ、血液検査でその量を測ることができる）の数値が高いとも言われている。そして、なんと言ってもそういう人って、若々しく活き活きしている！

ただ、セックスとなると相手のあることだから、なかなか難しいっていうのもわかる。で、代わりにと言ったらなんだけど、おすすめしたいのが膣ケアや膣トレだ。膣をマッサージして血行をよくしたり、膣内を保湿することで萎縮や乾燥を防いだり、骨盤底筋をトレーニングすることで膣の緩みを改善することができる（50代以降の人が今から始めても半年ぐらいで取り返せるよ！）。

膣を美しく保つことはエイジングケアの一環としても効果が認められていて、海外ではごく当たり前のことだし、日本でも意識の高い大人の女性はすでに始めてるんだよね。
膣ケア・膣トレの話は僕の性教育講座で取り上げることもあるし、最近は美容家やブロガーたちもたくさん発信しているから、書籍やネット上にもその方法は溢れてる。専用のケアグッズやコスメなんかも充実しているから、お肌のケアや体のメンテナンスの一環として日常に取り入れてみてほしい。また産婦人科ではレーザー治療で膣環境を改善することもできるから、不調を感じたら専門医に相談するっていうのも大事なことだよ。

性欲が爆上がりする40代、言い換えれば一番セックスを楽しめる年代だってことだ。ただし、これまでちゃんと膣のケアをしていない人が急にセックスするのは、全く運動をしてこなかった人がいきなりフルマラソンを走るようなもの。辛いだけで楽しめないと、またセックスから遠ざかることになる。まずは膣を正しくケアするところから始めてみたらどうかな。

数多くの男女の問題に立ち会ってきた僕の経験上、40代でどれだけセックスを楽しめたかが50代以降の生き方を変えると言っても過言じゃない。50代というと、子どもも巣立って夫婦二人で生活することも増えるし、人によってはそろそろ次のパートナーを……と考える頃。体力的にもまだまだ元気だし、実はいろんな意味で誰にも気兼ねなく過ごせる年代だったりするんだよね。

そこにセックスっていう要素が一つ入るだけで、もっと生活に潤いが生まれる。逆にそこを無視して第二の人生を歩むのって、生き方がすごく狭まるんじゃないかな。閉経を悲しむ女性も多いけど、セックスを楽しむ人はむしろ喜ぶんだよね。生理がないっていうのと、もう妊娠の心配がないっていうので「よっしゃ、これからだ！」って（僕がそう思っているのではなく、そう言っている女性もいるってことね）。

いざとなったらいつでも戦える！　少なくともその心の余裕だけで、きっとあなたの40代50代は変わると思う。相手が夫でもそうじゃなくても、この際僕は気にしないよ（笑）。

志向タイプでわかる、セックスであなたが満たしたいものとは？

まぁ、こういう仕事してるからそりゃそうなのかもしれないけど、僕の周りにはセックスを大事に考える女性が圧倒的に多い。でも、前の項で触れたとおり「夫婦の50％以上がセックスレス」かつ「働く既婚女性の6割強が不倫を経験したことがある（源さん調べ）」っていう事実を見ていると、夫婦でいつまでもセックスを楽しむことの難しさがよくわかる。

さらに「40代にもなって、恋だのセックスだのって恥ずかしいわ」って言う人たちも一定数いたりして、なんだか物理的にも精神的にも大人の女性が抱えるセックスの壁の高さにため息が出るんだよね。もっと気軽に楽しんじゃえばいいのに。別に希望的観測でもなんでもなく、みんな心の中では単純に「セックスしたい」と思ってるはずなんだけどな。

とは言え、これこそ個人的な問題だから一概には言えない。でも、まずは現状自分がどうしたいのかっていうのをきちんと認識してほしい。夫が相手してくれないからできないのか、心からもうセックスはいいやって思ってるのか、それとも他に何か原因があってしたくないのか……。ここにその問題に向き合うことができる唯一でシンプルな質問がある。

あなたはセックスで何を満たしたいですか？

これまでの経験上でもいいし、これから先の希望でもいい。「あなたは何を満たしたくてセックスしています（いました）か？」

ちょっと質問が大きくなっちゃったけど、実はこの答えは次の三つのタイプに当てはめて考えることができる。これから各タイプを紹介していくから、自分がどれに当てはまるかを考えてみてほしい。答えは一つに絞りきれなくても大丈夫。強弱に差があると思うけど、たいていの人はこの中から一つか二つは選ぶことになるんじゃないかな？

［あなたがセックスで満たしたいもの］

1．頭タイプ：精神的興奮

これは頭、つまり思考でセックスをするタイプ。平たく言えば、頭で興奮することが喜び、みたいな人たち。性癖が強めの人だったりとか、不倫のセックスに溺れて「背徳感」を楽しんでいるような人はこれに当てはまるのかもしれない。

具体的に言えば、シチュエーションに弱いのがこの人たちで、環境を変えるだけでも楽しめちゃう。ベッド以外の台所やソファ、玄関、車中や屋外……など、普段と違う環境になるだけでテンションが高まったり。道具を使う場合でも、道具による物理的な刺激より「道具を使っている」という設定にドキドキしてるんだよね。

あとこのタイプが好むのが言葉攻め。今から何をされるのか、何をされているのか、どう感じているのかなど、あえて言葉で聞かされたり言わされたりすることで、状況を俯瞰して「そんな恥ずかしいことをしている自分」という設定に興奮する。

このタイプが最高のセックスができた時は「めっちゃ興奮したー」とか「めっちゃドキドキしたー」といった感じの満足感を得る。

2. 体タイプ：肉体的快楽

二つめは身体でセックスするタイプ。テクニック第一主義と言うか、体育会系と言うか、とにかく純粋に肉体的な快楽を追求するタイプだ。

物理的な刺激に弱いのがこの人たちで、お互いに一番感じるポイントを一番感じる強さで刺激し合うことを求めている。このポイントも力加減も人によって違うけど、それを頭で考えるというよりは、実際に試しながら調整していくのがこのタイプの特徴。下手くそは許せないし、トライアンドエラーを繰り返せる執拗さが大切になってくる。

かつ、気持ちよければ気持ちいいと言葉に出して、自分の正解を伝えられる素直さと協力姿勢も必要。1．の「頭タイプ」が仕掛けていくというスタイルなら、このタイプは向き合っていく、探していくスタイルだと言える。

このタイプが最高のセックスができた時は「めっちゃ気持ちよかった」「スッキリした」といった感じの満足感を得る。

3．心タイプ：感情

三つめは心、つまり感情を重視するタイプ。「触れているだけで満たされる」なんてことを本心で言えるのがこのタイプの人たちだ。

前戯だけでも満足、なんなら何もしなくても、ぎゅっとされているだけでもいい。相手に触れて体温を感じられることが幸せで、そのぬくもりだけで満たされる。かなりメルヘンな世界に思えるけど、本人は本当に心からそう思っているんだよね。

触れること自体が非日常で特別なことだから、愛情のない人と触れ合うことなどしないのがこのタイプ。ただその分、相手も同じように「心タイプ」でないと、ちょっとしんどくなってしまうこともある。性的な沸点は他に比べて低いと言える。

このタイプが最高のセックスができた時は「はぁ…幸せ」といった感じの満足感を得る。つまり、あまり男性にはいないタイプだとも言える。


繰り返しになるけど、三つの中から突出してこれ！ってズバリ当てはまるよりは、この中の二つを併せ持ってる人の方が多いと思う。全部だって言う人は、よっぽど器用な人かもね(笑)。特に「心タイプ」の人は、他のタイプとセットになってるんじゃないかな。


さて、選んでもらった「満たされたいもの」のうち、一つでも満たされるセックスをあなたはしている（いた）だろうか？

「あ、そういうのを求めてたんだー！」って初めて気がついた人もいるだろうし、「あ、なんかぜんぜん違うぞ！」って今のセックスに不満を持った人もいるかもしれない。

これが満たされていないとセックスが不完全燃焼になったり、つまらなかったり、相性がイマイチ……なんて感じることになるんだよね。

だけど、自分のタイプをきちんと把握できたら考え方はシンプルになる。求めるものを満たしてくれるセックスをすればいいし、もっと言ってしまえば、満たしてくれる相手とセックスすればいいってことだ。

それと、もう一つ確認してほしいことがある。逆に、あなたはパートナーがセックスに何を求めているか理解しているだろうか？

第2章で言った【非社会性パートナーシップ】の特徴を覚えているかな？　もし【非社会性パートナーシップ】の人たちなら、この問いには間髪入れずに「ＹＥＳ」と答えるはずだ。なぜなら、彼らは互いにまずそれを満たすってことが前提だから。自分の志向を把握していることはもちろん、相手が何を求めていて、どうやったら満たされるのかは理解していて当然。しかも、日常的にセックスについて話し合っているから、リアルタイムで情報がアップデートされていくんだよね。

でもそうじゃない大半の人たちは、そこを理解しないままセックスしていることが本当に多い。セックスについて話し合ったことなんてほぼないだろう。結局、みんななんとなくセックスしているんだよね（だから、なんとなくレスになる）。

よかったら、答え合わせのつもりで同じ質問をパートナーに投げかけてみてほしい。もしかしたらこれがきっかけで、セックスについて話し合えるようになるかもしれない。たとえこれまでなんとなくセックスしてきた二人だったとしても、愛を表現し合うセックスや、何かを満たし合う男と女のセックスを楽しむことは今からだってできるはずだ。

さて、もしあなたが結婚していて、さらに先の三つのうちのどれも満たされていないセックスをしているのであれば、あなたもパートナーも何か別の目的を持ってセックスをしている可能性がある。次はそんなセックスの話をしよう。

愛以外の目的でセックスをする人たち

自分は何のためにセックスしてるんだろう……あなたはこれまで考えたことがあるだろうか？

おそらく「そんなこと今まで考えたことがない」「考えてもわからない」、あるいは「……愛してるからでしょ？」とちょっと自信のない人もいるかもしれない。うん、たぶんたいていはそうだよね。

しかし、ここで答えに悩んだ人こそ、実のところ、今もこれまでもしっかりと目的を持ってセックスをしている。それもただ相手を愛する、という以外の目的だ。あえて言い切ってしまったのは、本人にはたぶんその自覚がないだろうから。「……愛してるからでしょ?」って一瞬迷って答えた人も、よく考えてほしい。本当に、純粋に、それだけだろうか?

もし今、あなたがパートナーとのセックスに悩んでいるとしたら、それはこの「愛以外の目的」が関係しているんじゃないかな。じゃあ、一体それって何なの?

ここからはそのセックスの目的ってやつを具体的に紹介していこう。あなた自身は、またあなたのパートナーは、以下のような目的でセックスをしている(してきた)のかもしれないよ。

①二人はカップルだと認識するためのセックス

余程の年齢や病気でもない限り、結婚を目指すカップルはその付き合いの中でいつかはセックスをする(結婚後初ってケースも確かにあるけどね)。最初は純粋に「好きだから、愛しているから」という理由でセックスをしていたはずが、いつからか「そんな二人だからセックスをするんだよね？」という認識合わせの役割が出てきて、いつのまにか「これから結婚する相手だと認め合うため」の既成事実づくりになってくる。

②結婚まで漕ぎ着けるためのセックス

実は男女問わず「セックスは好きじゃないけど、結婚するために仕方なくしていた」という人が一定数いる。結婚するまでは、パートナーを繋ぎ止めるためにセックスをするけど、目的を果たしたらセックスをしなくなるというパターン。なぜその人たちがセックスを好きじゃないのかはここでは言及しないけど、結婚した途端セックスを拒否するようになる人って本当にいるんだよね。

③子づくりのためのセックス

愛し合うためではなく、ただただ「妊娠」を目的にセックスしているカップルもいる。僕も経験あるけど、子どもをつくるだけが目的のセックスは辛かった。妊娠を望むなら体外受精でもいいと思うんだけど、ここで先ほどの①が活きてくる。最終目的は妊娠だったとしても「好きだから、愛しているから、結婚した二人なんだから」という大義名分がないといけないわけだ。このパターンも子どもができた途端にセックスをしなくなる。これは本当によくある話。だって、その人にとってセックスは子どもをつくる行為でしかないんだから（子どもが欲しいって気持ちをお互いにちゃんと理解し合った上でするなら話は別だよ！）。

④離婚されないためのセックス

子どもが生まれたからもうセックスしない、で済ませられる夫婦もいれば、「セックスをしないと離婚されるかもしれない」という理由でセックスに応じる人もいる。これも男女問わず。セックスを求める方が果たして愛しているからなのか、性欲処理のためなのか、それとも本人も「離婚されないように」なのかは人によるけどね。ただ、離婚されたくないから応じる時点でもうそこに愛はないよね。

⑤性欲処理のためのセックス（結婚すればタダでセックスができる）

これは圧倒的に男性に多いんだけど、結婚相手を性欲の処理の対象としてしか見ていないパターン。④の理由でセックスに応じる女性の多くは、こういうパートナーからセックスを強要されている場合が多い。

「結婚したんだからセックスするのは当たり前」「セックスを拒否していいわけがない」って、お互いに思っちゃってるからこんなセックスがまかり通るんだよね。しかも男性側はこれが強要だなんて一切思ってないから、自分には何の非もないって信じて疑わない。

誤解のないように言っておくけど、性欲を解消するためにセックスすることは何も悪くない。食欲を満たすために夫婦で食事に行くことと一緒だ。ただ、相手が同じ気持ちでないなら強要と受け取られても仕方ないよね。

⑥愛されていることを確認するためのセックス

これは圧倒的に女性に多いパターン。特に結婚生活・家族を上手く運営することに懸命になっている人はこうなりやすい。家事、仕事、子育て、親戚付き合い、ご近所付き合いなどなど、家庭生活の運営には結構な労働や心労が伴う。

だからこそ「私たちはうまくいっている、私は愛されてる」という裏づけが必要になってくる。セックスを求められるのは私が夫に愛されている証拠、だから私は幸せ、そう思ってないとやってられないんだよね。

でもこのパターンの女性は旦那から抱かれなくなった時点で「私はもう愛されてな

いのかな……」という思考に陥ることが多い。だから僕はそもそも「愛情を確認するためのセックス」はオススメしない。

さて、この中に心当たりのある項目はあっただろうか？

とは言え、普段からこんなことを考えてセックスしてる人はいないだろうし、「私は（パートナーは）そんなことないし」って受け入れられない人もいるかもしれない。はじめに言ったように、そもそもこのことに無自覚な場合がほとんどだしね。

勘のいい人ならそろそろ気づいてるんじゃないかな？　そう、これは第2章で紹介した《社会性パートナーシップ》でのお話。おさらいすると、「結婚」という社会生活の形やその運営を何よりも優先させる関係性のことだったよね。

「でも、結婚したい、子どもがほしい、離婚したくない……みんな愛してるからそう思うんじゃないの？」って混乱してきた人がいるかもしれない。じゃあ、なぜそう思うのかを突き詰めて考えてみてほしい。そこには必ずと言っていいほど、世間体や習俗、生活や経済といった「愛」以外の社会的な理由が存在しているはずだ。

だって、一見「愛」のように見せながら、その裏側に**社会的理由を伴う目的がぴったり張り付いているのが《社会性パートナーシップ》のセックスなんだもん！**

特に⑥の「愛されていることを確認するためのセックス」は愛と混同しやすいんじゃないかな。愛してるから、自分も愛されてると感じたい。なんだか真っ当にも聞こえるけど、それをセックスで確認しようとする時点ですでに50／50の関係じゃないし、相手への依存や束縛が渦巻いてる。だって、愛し合っているならわざわざそれを確認する必要なんてないはずだから。

一概には言えないけど、この目的でセックスする人は自己肯定感が低い傾向にある。自己肯定感が低いから、誰かから愛されることによってそこをカバーしようとするんだよね。

ただ、一つ言っておこう。そういうのは意外と相手に伝わっている。「ああ、この人は抱かれないと『愛されてる』って実感が持てなくて、放って置くと嫉妬したり束縛したりするんだよな」って。そうなると相手はどんどんセックスが負担になっていく。

しかも結局セックスの間だけしか安心できないから、またすぐ元の不安な状態に戻ってしまうんだよね。自己肯定感を高めたければ、もっと別な方法でパートナーとコミュニケーションをとった方がいいし、何より自分自身に向き合った方が早いんじゃないかな。

そしてこれを続けているカップルはいずれセックスレスになるというのが僕の持論。いやいや、マジで。

恋愛→結婚→出産→育児→老後という一般的な流れで人生を過ごす、過ごそうとしている人の場合、その多くが知らず知らずのうちにセックスに愛以外の目的を持つようになる。そう、たとえ初めは純粋な男女の愛で始まったとしても……。もちろん、それが悪いことだとは思わないし、それで幸せだって人もいると思うけどね。だけど、これだけは覚えておいてほしい。

セックスに意味を持たせようとすればするほど、男女間のすれ違いは大きくなっていく。

いくら心を通わせたカップル、夫婦であっても、パートナーがあなたを抱く目的とあなたがパートナーを抱く目的が一致するとは限らない。セックスレスが起こるのもこれが原因。つまり、セックスレスは《社会性パートナーシップ》でしか起こりえないと言える。

じゃあ、社会的な目的を持たないセックスとは一体何だろう。次はセックスレスとは無縁の男女の関係を見ていこう。

愛とセックスが目的の人たち

《社会性パートナーシップ》と対照的なのが【非社会性パートナーシップ】のセックス。その目的は至ってシンプルだから、よく聞いてほしい。

〝愛〟と〝セックス〟以上、終わり！

タイトルだけで終わっちゃってもいいくらいだね（笑）。そもそも愛していることが前提のセックスだから、わざわざセックスで相手を繋ぎ止めたり、愛情を確認したりする必要がない。セックス自体を楽しむのが目的だから、セックスレスも起こらない。これが【非社会性パートナーシップ】のセックスだ。

だからいつまでもパートナーと男女の関係でいられるんだよね。じゃあ、なぜそんな関係を続けられるのか。その理由こそが《社会性パートナーシップ》の考え方と徹底的に違うところだったりする。実は答えはセックスとは全然関係ない。

【非社会性パートナーシップ】の人たちは、将来の話をしない。

これに尽きるんじゃないだろうか。【非社会性パートナーシップ】は、言ってみれば今が楽しければそれでいいよね、という関係性。意識的に将来の話を避けてるということではなくて、それほど将来が気にならないって言った方がいいかな。結婚や家庭生活が重んじられる《社会性パートナーシップ》とは真逆の考え方だよね。だって、将来を共にするために恋愛したり、結婚したりするんだから。

もちろん【非社会性パートナーシップ】の中にも結婚という道を選ぶ人たちはいるけど、ほとんどが経済的にも精神的にもお互いが自立していて、いざとなったら一人でも幸せに生きていけるよって人同士だ。だから《社会性パートナーシップ》のように、愛以外の目的で相手を繋ぎ止めておく必要がないんだよね。

そもそも将来を考えなくていいという点は、相手選びにも大きく関わってくる。《社会性パートナーシップ》で生きようと思うと、相手選びは慎重にならざるを得ないよね。性格やフィーリングの一致に加えて、ある程度の常識、収入、将来性、貯蓄といった条件面を総合的に考慮しなきゃいけない。こう言ってしまうとなんだか打算的に思えるかもしれないけど、どんなに好きな相手でも、実質ここは無視できないはずだし、しない方がいい。だって、この先の人生が懸かってるんだから。

その点【非社会性パートナーシップ】の場合は、超シンプル。要は愛とセックスに没頭できる相手ってだけでいい。ぶっちゃけ顔だけで選んでもいいし、体つきや声、体臭、エロそうってだけでもいい！（笑）。

冗談みたいに聞こえるけど、これってかなり理に適った選び方だって知ってる？異性が気になる、というのは本能的に「この異性と子孫を残したい」ということ。つまり、DNAとして優れているか、自分のDNAと遠いかどうかを本能で判断してるってことだ。そしてそれを見極めるのに必要なのが顔、声、体、体臭、性的魅力なんだよね。

もっとシンプルに言うと「この人とセックスしたい」たったそれだけの理由が、実は最も相性の良い相手選びの基準。理屈抜き、条件抜き、ただただ本能レベルで惹かれ合う関係。ね、うまくいきそうな気がするでしょ？

こう言うとなんだか特殊な人たちのように思えるかな。でも、《社会性パートナーシップ》で生きる人たちの中にも、一時的に【非社会性パートナーシップ】のセックスを楽しむ人はいるんだよね。そう、それが不倫の関係。

不倫って、もしバレたらいろんな社会的な責任を負わされるけど、その関係性自体に社会性は一切ない。ただの男と女の関係だ（場合によっては将来も考えるのかもしれないけど）。こんなにも世の中の既婚者たちが不倫に走る理由は、まさにここなんじゃないかな。不倫って結局、社会性を忘れて単に愛し合うこと、セックスっていう快楽に溺れることができる関係性なんだよね。だからみんなハマっちゃう。

本当は愛に溺れたいんでしょ？　本当はセックスがしたいんでしょ？　ただの男と女の関係を持ちたいんでしょ？

その点、独身同士でも、結婚をした上でもそういう関係を築くことができるのが【非社会性パートナーシップ】のいいところだ。みんな年齢に関係なく、セックスを楽しんでるしね。外に出て季節を感じて「自然っていいね」って言い合うのと同じ感覚で、「セックスっていいね」って言い合うような、そんな感じ（ちょっとわかりにくいか笑）。

お茶してる時でも、ご飯の時でも、普通にセックスの話ができるというのも、その特徴かもしれない。「この前のあれはよかったね」とか「今度こういうことをしてみようか」とかね。そもそもセックスを語ることを恥ずかしいと思ってないし、こうして日常的に話し合っているからこそ、相手が何を求めているかを常に理解していられる。

そして、何より「どうやって相手を満足させてあげようか」っていう気持ちがそこにあるんだよね。

愛する悦びを得る簡単な一つの方法

「愛され（たい）女子」は幸せになれない、改めて断言しておこう。なぜなら、男女の愛の真髄は「愛する悦び」にあって、そこには愛されるだけでは絶対に得られない幸福感があるから――というのは第3章でも書いたとおり（大事なところだから、忘れた人は読み直してね）。

もしあなたが幸せになりたい！と思うなら、「愛する悦び」を知ることは不可欠だ。そして、それを何より手っ取り早く実感できるのがセックスなんだよね。

一般的にセックスといえば、男性が「攻め」女性は「受け」という印象を持っている人が多いんじゃないかな。だからいつも男性主導のセックスになりがち。さらにものすごく短絡的に言うと、勃起して・挿入して・射精して終わり、つまり、男性が射精することが目的になる。男女限らず、ほとんどの人が「それが普通のセックス」だと思ってない？

この章のはじめに言ったように、個人差はあれど、男性の性機能のピークは遅くて30代まで。そこからは下降する一方だから、セックスしても射精するまでに、体力も、気力も、集中力も、エネルギーも、相当消耗する。若い頃みたいに適当に腰振ってればイケるってわけでもなくなってくるんだよね。だから、年齢とともにセックスがたただただ疲労する行為になる人も多い。

しかも見方を変えれば「射精しないと終われない」っていうことでもあるから、それがプレッシャーになる男性もいる。もし目的を果たせなかったら……？　自分自身が傷つくのはもちろん、パートナーが「私に魅力がないのかな」とショックを受けたり、落ち込んでしまうかもしれない。だったら下手にセックスするより、むしろしない方がマシ！「疲れてるから……」ってセックスを拒む夫の本心は意外とそんな優しさだったりして（ま、その方向性が間違ってるって話なんだけど笑）。


僕がよく相談を受ける「妻はしたい、夫はしたくない」パターンのセックスレスの場合、これらが原因になることも多い。勝手な話に聞こえるけど、男性主導であればある程、どんどん男性にとってセックスが負担になってくる場合もあるんだよね。

加えて、さらに女性を怒らせるかもしれない原因がもう一つ。それは、「男が単純に満足できない」ってこと。男が攻めて、女性は受けるというセックスが当たり前になっていると、こうなる可能性はとても高い。「えっ⁉　私もちゃんといろいろしてあげてるよ！」って、心の中で反論した人もきっといるよね。じゃあ、ちょっと一緒に考えてみてほしい。

実際、セックスにおいて女性が男性にしてあげることと言えば何だろう。きっと大抵は、キスして、まぁちょっと乳首ぐらいは舐めて、その後速攻でオーラルセックス（口淫）ってのが多いんじゃない？（それすらしないって人もいるよね）。はい、じゃあこれを男性の行為に置き換えてみよう。もしセックスでそんな扱いされたらあなたはどう思うかな？「は？　ナメてんの⁉」……ですよね！

時間をかけた丁寧な愛撫を求める割に、男性に同じことをする女性は稀なんだよね。やっぱり、これもセックスは男性が攻めるもの、男性は射精さえすれば満足するって思い込んでいるからなんじゃないかな。

でもね、実は男性だって同じ様にもっと時間かけて全身丁寧に愛撫されたいし、もっと気持ちよくしてもらいたいし、もっと愛されたいし、もっと癒されたいし、もっと甘えたい。もっともっともっとって思ってるって知ってた？

これは別に「女性が悪い」と言いたいわけじゃない。今まで「男性の攻め方」なんて誰も教えてくれなかったし、独学で学ぶにしても何から調べればいいかわからないよね。もっと何かしてあげたくても「どこを、何を、どのようにすればいいのかわからん！」っていうのが本音なんじゃないかな。

それに、だったら男性側もそれをちゃんと伝えなきゃいけないしね。何度も言うけど、そういう話し合いが出来ること、セックスの話をちゃんと出来ることが、二人のパートナーシップをつくっていく上ですごく大事なこと。これを知っている人もまた少ない。

第3章で言ったことをもう一度ここで言っておこう。

「愛する悦び」とは、①私が愛して、②相手が私の愛を受け取ってくれて、③「相手が私の愛を受け取ってくれている」という愛を私が感じ取ること。

「愛される」と「愛する」は絶えず循環しているもの。だからどちらか一方だけを求めても幸せにはなれない。そして、愛の循環を起こすにはまず双方の「想いの発信」が必要だ。ここでいう「想いの発信」を直接的に表現できる方法が、愛撫だったりする。

実は、セックス以外のところでそれを表現するのって案外難しいんだよね。形のない「愛する悦び」というものを得る方法って、意外と他に思いつかなかったりする。

一度、騙されたと思って、パートナーの体を時間をかけて丁寧に愛撫してみてほしい。それによって相手が気持ちよくなってる様子を目にしたら、きっと心から愛おしく感じるはずだ。あ、言っておくけど、オーラルセックスだけでそれを感じることは難しいよ。手でいろんなところを、いろんな力加減で触ってみたり、もっと肌と肌が触れ合う必要がある。いわゆる〝口でする〟だけだと物理的な接触が足りないんだよね。

もちろん「これがセックスだ！」というような正解はない。だけど、射精が目的のセックスからはもう卒業してもいいんじゃないかな。まずは、セックス＝射精すれば終わりという思い込みを捨てるべきだ。僕はこう考えている、

セックスの最大の目的はスキンシップでありコミュニケーション。

実は、射精が目的のセックスをしなくていいなら、もっとパートナーとイチャイチャしたいって思ってる男性は意外と多いんだよね。だからって、中途半端にされたら女性だって困る。じゃあ、こう考えたらどうだろう？　セックスとは男性が女性のマスターベーション（セルフプレジャー）をお手伝いする行為！　これからは射精じゃなくて、女性の快楽中心のセックスをすればいいってこと。

これって双方のニーズを満たし合える画期的な考え方なんじゃないかな？　是非このマインドで日々のセックスを楽しんで、「愛する悦び」を得てほしい。

セックス論はタブー？

ここまでセックスについてできるだけフランクに話してきたつもりだ。きっとその大切さも少しはわかってもらえただろうし、現状を見直してみようかな……と思ってくれた人もいるんじゃないかな（いや、いてほしい！）。

では、早速パートナーを誘ってみよう！　……えっ、恥ずかしい？　断られたらどうしよう？　じゃあ、もしセックスの誘いを断られたとして、あなたにはどういう感情が湧いてくるだろうか。きっと多くの人がこんな感じなんじゃないかな。

「せっかく勇気を出して誘ったのに！」「本当はあなたから誘ってほしかったのに……」「断られたなんて恥ずかしい！」「こんな惨めな思いをするくらいならもう誘わない！」

じゃあ、質問。なんでセックスを誘うのに「勇気」が必要なの？　なんで「自分から」は誘いたくないの？　なんでセックスの誘いを断られるのが「恥ずかしい」の？　なんでセックスの誘いを断られたら「惨め」に感じるの？　ねぇ、なんで？

これらのすべてに共通する原因はただ一つ。性を、セックスという行為自体を、「恥ずかしいもの」にしているから。そういう価値観を握りしめているから。要するに、あなた自身がセックスをタブー視している証拠。

だけどこれはあなたに限った話じゃないし、もちろんあなたの責任でもない。思い出してみてほしい。性というもの、セックスという行為について、これまできちんと教わったことがあっただろうか？　自分や異性の身体について、性について、命について、正しいセックスの方法、セックスの目的や幸せなセックスの定義について、これまで学んだことがあっただろうか？

そんなこと誰も教えてくれなかったよね。これらをちゃんと学ぼう！　ということすら、誰も教えてくれない。だからこうして大人になって、セックスも経験して、子どもを持つようになってさえ、いまだに知らないままだ。

知らないだけならまだいい。それどころか僕たちはセックスについて「恥ずかしいもの、隠すべきものだ」っていう価値観まで植え付けられている。特に女性がセックスについて話すことは、はしたないとか、ふしだらとかってしつけられてる。女性からセックスに誘ったりするなんて「淫乱だ」とかね。こんなにセックスにオープンな時代になったっていうのに、そういう感覚だけがなぜかしつこく残っている。

ちょっと歴史的に見てみよう。これは明治以降に日本がこぞって取り入れた西洋文化の一つ、キリスト教的な性観念に由来する。「愛の宗教」と言われるキリスト教だけど、実は性に対しては厳格な一面を持っているんだよね。

一言で言うと、性欲は罪。聖母マリアが処女でイエス・キリストを身ごもったとされるように、処女性が神聖視されている。だから婚前交渉はダメ。結婚後はパートナーとのみセックスしていいけど、それは子づくりのため。婚外交渉なんてもちろんダメ。とにかく性的な快楽を追求することは禁忌！

・セックスは人間を堕落させるもの。生殖以外の目的では慎むべき

・女は男をセックスの欲望へ誘惑する罪深いもの。純潔に振る舞うようしつけるべき

それで日本にもこういう価値観が入ってきた。それまではというと、農村なんかでは乱交や夜這いの習慣が普通にあったりして、性に対しては結構奔放な国だったんだよね。それが、西洋化を目指す途中で、なんだか野蛮だぞ！　ってだんだん是正されていくようになる。欧米諸国に対して遅れてるっていうコンプレックスもあったのか

もしれないね。

第1章で書いた、明治民法の話を覚えているかな？　時の政府が民衆を統制しやすいようにつくったのが、世帯主（父）を中心とした「家族」というつながりを重んじる家父長制だ。その点からもこれまでの性に対する奔放さはちょっとまずい。誰が誰の子どもであるかハッキリさせておかないといけない。

さっき言ったキリスト教の価値観、セックスや性欲は罪、恥ずべきものであるっていう考え方っていうのは、家族という制度で民衆を統制したい政府にとっても都合が良かったんだよね。

つまり、あなたが今握りしめているタブー自体、誰かに意図的につくられた価値観だったってことだ。

さらにこの都合の良い価値観は、社会の中で代々受け継がれていくことになる。だって、みんながまた昔みたいに性に奔放になったら、誰も結婚しなくなっちゃうもんね。

学校で性教育が取り入れられるようになっても、生物学的な知識をさらっとなぞるだけで、本当に必要なセックスの本質については全く語られないままだったりする。子どもにそれを教えると、かえって興味を持つからいけないなんて、本末転倒な考え方さえいまだにあるくらいだ。

僕も子どもの頃は、TVで性的なシーンが流れたら番組を変えられてた（笑）。親だって子どもに教えられるような知識を持っていないんだから、そうなるよね。こうして家庭の中でもただただ、性っていけないもの、恥ずかしいものなんだって思い込まされていく。

もちろん、キリスト教を信仰している人たちにとっては大切な教えだと思うし、これを否定することはできない。でも、クリスチャンでもない僕たちが、その教えの真髄を知っているわけでも、実質守れてもいない僕たちが、この誰かに押し付けられた「恥ずかしい」っていう感覚だけをずっと引きずっているんだとしたら、それってあまりにばかばかしいと思わない？

だからって明日からスタバで「ちょっと聞いてよ、昨日のセックスさ……」とは言えないと思うよ（笑）。でも、なぜセックスのことを話したり、自分からセックスに誘ったりできないかはわかったよね？

結婚、いわゆる世間一般の幸せの形において「セックスを追求する」とか「男と女として愛し合う」という項目って、あまり語られることがない。世の中の大多数である《社会性パートナーシップ》で生きる人たちにとって、セックスの優先度はかなり低いんだよね。

でも、やっぱり僕のところに相談にくる人たちは、夫婦であっても「男と女としてやり直したい」と言う人が多い。出産や育児と同じくらい、もっとセックスっていう項目が重要視されてもいいんじゃないかな。たとえ、あなたが《社会性パートナーシップ》で生きるのだとしても、セックスをないがしろにしない方が絶対うまく行くと思うんだよね。

第５章

これからの時代に求められる幸せのスキル

満たされない幸せの基準

ブータンという国をご存じだろうか。テレビやマスコミで〝世界一幸福な国〟として紹介されているのを目にした人も多いだろう。実際、２００５年に行われた国勢調査で、国民の97％が「自分は幸福だ」と答えたことは有名な話だ（この調査方法については賛否あるみたいだけど）。ところが、２０１０年にはその割合が41％まで落ちたらしい。一体、この５年でブータン国民に何があったんだろうか？

調べてみると、原因は急速な経済発展にあった。テレビや携帯電話、インターネットの普及によって、外の世界を知ることになった国民の多くが「自分たちは井の中の蛙だったんだ」「外の世界と比べたら全然恵まれていないじゃないか！」って、気づいちゃったらしい。

ひとたび外の世界を知ってしまったがために、今まで幸福だと感じて生きていた人たちがそう思えなくなってしまうだなんて……幸せって何なんだろうね？

これと同じようなことは、我々日本人の日常にも起こっている。わかりやすいのが

ＳＮＳだ。画面をのぞけばいつだって繰り広げられている「いかに自分は満たされて幸せであるか」のアピール合戦（めっちゃ偏見 笑）。そしてそんな投稿をいちいち自分の生活と比べて、「ああ〜、みんな幸せそうだなー。それに比べたら私なんて全然満たされてないし幸せじゃないやー」って思っちゃう人たち。なら見なきゃいいのに、それでも毎日見るのをやめない。

あのね、人と比べている限り、あなたは一生幸せになれないよ？

幸せは誰かと比較して感じられるものではなくて、自分の中の「これが私の幸せ」という基準に照らして初めて感じられるもの。お金がたくさんあっても幸せを感じられない人がいたり、貧しくても幸せを感じられる生き方をしている人がいたりするのはそういうことだ。

あなたの「幸せの基準」って何？　もしそう質問されたら、答えられる？

パートナーシップにおける幸せの正体

幸せなんて人によって違う。ペア族とシェア族でも違うし、《社会性パートナーシップ》と【非社会性パートナーシップ】でも変わってくる。今から紹介する「幸せ」はあくまで一つの価値基準なので、みなさんに当てはまるとは思わないけど、何かしらの参考になれば嬉しい。

僕は【非社会性パートナーシップ】の人間なので、まずはこのタイプの人間の幸せについて考えてみよう。

これまでも話してきた通り、【非社会性パートナーシップ】の幸せは、ただただひたすらに愛することと、セックスに没頭する（カップルによってはセックスがない場合もあるだろうけど）だけ。お互いに相手を愛していることだけで繋がっていられる関係性なので（つまり見返りも特に求めていないってこと）、そこで感じられる幸せはものすごくシンプルだ。

最近の僕の幸せといえば、好きな人と一緒にいて、愛でて、セックスして気持ちよくなって、美味しいもの食べて、自然を眺めてボーッとして、寝て、の繰り返し。もうこれだけで十分幸せを感じられる（海とかカラオケとか趣味なら他にもあるけど、それはそれ）。

恋愛とか、結婚とか、子育てとか、親のこととか、世間体とか、家族のこととか……《社会性パートナーシップ》における「上手く運営していかないといけないもの」が全くないおかげで、日々これといった社会的なトラブルや問題、障害なんかがほぼ起こらない。心が乱れるような出来事も、もちろん嫉妬で狂うようなこともない。凪のように穏やかな毎日は、もう、平和そのもの。ぶっちゃけスッゲー暇（笑）。

まぁ、さすがに刺激がなさすぎるので、《社会性パートナーシップ》のようないわゆる恋愛とか、デートとか、そういったことを「ごっこ」として楽しむこともあるけど、あくまでごっこだからね。やっぱり根本的にはスッゲー、暇（笑）。でも、これが【非社会性パートナーシップ】の人たちの「幸せ」の正体なんじゃないかな。

では、対する《社会性パートナーシップ》にとっての幸せとは何か？　先ほど書いたように、《社会性パートナーシップ》では上手く運営していかないといけない社会的なことがたくさんあるよね。そして、それを夫婦で、家族で乗り越えようとする際の努力だったり、連帯感だったり、団結力だったり、それによって生まれる絆だったり。そしてそれを乗り越えて二人が、家族が一つ成長したと感じられる達成感だったり、満足感だったり。そういうものが《社会性パートナーシップ》の方々の「幸せ」の正体なんじゃないかな（もちろん人によるけども）。

これまでさんざん《社会性パートナーシップ》と【非社会性パートナーシップ】では得られる愛の種類が違うと書いてきたけど、実はそこから得られる「幸せ」も種類が違うんだよね。【非社会性パートナーシップ】の僕には絶対に《社会性パートナーシップ》で得られるような幸せは得られないもん。

みんながみんな同じ生き方、同じ形で幸せを感じられるわけはない。

だからこそ「自分にとっての幸せとは何なのか？」と、日々真剣に考える必要があるんじゃないかと思うんだよね。

幸せのキーワードは「暇」？　それとも「刺激」？

【非社会性パートナーシップ】で生きる人間の幸せとは、実は「スッゲー暇」なものだと書いた。ここで多くの《社会性パートナーシップ》の方々は疑問に思ったんじゃないだろうか。

「それって本当に幸せなの？」「暇なのが幸せ？　ちょっと何言ってるかわからない」。そりゃそう思うよね（笑）。

「暇」は悪いことだ、そう思っている人って多いんじゃないかな？　「暇つぶし」という言葉があるように、暇な時間はどうにかして潰さなくちゃ、なんて考える人も多いだろう。

ほら、特にやることがなくてただ時間が過ぎていく状態を「暇だなー、面白いことないかなー」って物足りなく思ったり、何もしないでだらだら過ごしてしまった日なんかは、なんだか一日を無駄にしたようなもったいなさや罪悪感まで覚えたりするでしょ？　それってたぶん、暇とは、悪いこと、不幸なこと、マンネリ、刺激がない。

そういうイメージがあるからなんだよね。

だからそれが続くと、「私は満たされていない！」「私は幸せを感じてない！」って不満に思えてくる。これって実は《社会性パートナーシップ》の方々によく見られる傾向だったりする。

そういう人たちにとっての幸せ、満たされている状態とは、いつもドキドキしていたい、いつもワクワクしていたい、いつも刺激的なことがほしい。もっと言えば、多くを与えられて、多くを所有して、いつも多くのもので満たされて、それを「失わない」こと、なんじゃないかな？

何ごともそうやって足し算で考えていくのが《社会性パートナーシップ》の幸せ。キーワードは「多い方がいい」。「女は愛されるだけでいい」「女は満たされるだけでいい」みたいな、他者から与えられる受け身の幸せが流行ったのもそのせいだったのかもしれないね。

誤解しないでほしい。それがダメって言ってるわけじゃないよ。僕が言いたいのは《社会性パートナーシップ》と【非社会性パートナーシップ】で、幸せの価値観は全然違う、というかむしろ真逆なんだよね、ってこと。

一方で【非社会性パートナーシップ】が幸せだと感じるのは「暇」。わざわざ新たに何かする必要も、何かを持つ必要もない。格好よく言えば、足るを知るって状態だ。何ごとも「それだけで良い」。それが彼らの幸せにおけるキーワードなのかもしれない。

「豊かさ」という名の洗脳

豊かであることが幸せである。あるいは、幸せに繋がるものである。そう信じている人は多い。《社会性パートナーシップ》の幸せのキーワード、「多い方がいい」もそうだよね。

「人生を豊かにするなんちゃら～」とか「豊かなパートナーシップをなんちゃら～」とか、SNSにはそんなようなキーワードや広告、投稿がやたらと目につくし、SNS起業家やコンサルタントたちが、こぞって「豊かさ」をテーマにしたコンテンツで集客しているというのもよくある話だ。

ここで一つ改めて考えてみてほしい。

「豊かさ」って、何よ？

辞書を引いてみると「満ち足りて不足のないさま。心や態度に余裕があって、落ち着いているさま。量感のあるさま、豊富であること」そして「経済的に恵まれていてゆとりのあるさま」と書かれている。

では、あなたがイメージする「豊かさ」ってどういうことだろう？　豊かさに憧れる割に、そこを具体的に考えている人は少ない。さらに、それに向かって何か特別な努力をしている人なんてそうそう見かけない。そりゃそうだよね。だってそもそも自分にとっての「豊かさ」とは何か？　という明確なイメージも目標も持っていないんだもん。

代わりに、ただなんとなくSNS起業家やエセ（！）コンサルタントが「こうすれば豊かな人生になれるよ～」って言ってることを真に受けて、「そうなんだ！　じゃあ、私も豊か（幸せ）になれるかもしれない♪」って淡い期待を抱いて、大金叩いて、よくわからない講座やコンサルを受けて、結局何も変わらない……を繰り返す人なら、山ほどいる。

そろそろ気づこう。彼らが囁《ささや》くような、そんな都合の良い豊かさなんて存在しない。

豊かさを追い求めるのは、ある意味「信仰」みたいなものだ。実体のない、とても曖昧なもの。追いかけていれば、信じていれば、いつか掴めるかもしれない、幸せになれるかもしれない……言うなれば、「神」みたいな存在だと思えばいいのかもしれない。

「私は経済的に豊かになる！」と、追いかけるものが明確に決まっているならまだいいと思うの。でもただ漠然と「豊かな人生にしたい」「豊かなパートナーシップを育みたい」とか思っている人はちょっと改めた方がいい。耳ざわりのいい言葉に思わず引っ掛ってしまうのはきっとそのせいだよ。

ここで考え方を変えてみよう。もしかして、あなたの求める豊かさって「心地良さ」に置き換えることができるんじゃないだろうか？　人生でもパートナーシップでも生き方でも何でもいい。今まで求めていたものを一度、「心地良さ」に置換してみてほしい。この言葉ならイメージしやすいんじゃないかな？

自分にとって心地良い環境、心地良い人間関係、心地良い職場、心地良いパートナー、心地良い生き方。そんな感じで身の回りの「心地良い」をどんどん追求していけば、いつかきっと幸せな生き方、幸せな人生になるんじゃないだろうか。

僕自身、以前は経済的な豊かさを追い求めていたことがあったんだけど、途中で「あ、お金がたくさんあっても、忙しかったり、楽しくなかったり、自由がなかったりしたら、それは僕がしたい生き方ではないや！」ってことに気づいた。そこから追い求めるものを「自由な時間」「気分よくいられる環境」「のんびり生きられる仕事」にしたら、どんどん心地良くなって、幸せを多く感じられる人生に変わっていったの。

僕が言えるのは、この二つ。経済的な豊かさと幸せはイコールではないということ。自分が心地良いと感じるものが増えればそれだけ幸せを感じるということ。もし、あなたの求める豊かさが実体のないものなのだとしたら、試しに「心地良さ」の追求を実践してみてほしい。

そうしているうちに、自分の幸せと何か？　にたどり着くのかもしれないね。

既婚未婚、関係なく必要な「幸せのスキル」

結婚をして幸せになっている人はたくさんいる。《社会性パートナーシップ》の目的である家族・家庭の運営がとても上手くいっている夫婦や、その中で男女の愛がちゃんとある夫婦だっている。だから結婚そのものを否定するつもりはない。

しかしその反面、離婚件数は確実に増えていて、1980年に14・2万件だった数値は、2019年には20・8万件と、約1・5倍に増えている。

とある研究によると、今後、日本ではさらに離婚件数が増えていき、2040年には人口の47%が独身に、64歳までの有配偶者の割合は31%にまで減るらしい。今から約20年後には既婚者よりも独身者の方が多くなる（独身者には未婚・死別・離婚した人も含まれる）。それに、日本は「高齢化社会」なんて言われるようになって久しいけど、2040年には高齢者が3、900万人・独身者が4700万人になるとも言われている。今後はむしろ、「独身化社会」の方が問題になっていくかもしれない。

明治に結婚という制度ができて以来、昭和までは離婚する人がほとんどいなかった。平成になって離婚件数は増えたけど、その分再婚件数も増えた。これからの日本は結婚する人も減るし、一度離婚したら「もう結婚はいいや」という人が増えていくはずだ。いよいよ結婚というものの必要性を改めて考え直す時代がやってくる。特にキャリア志向が強く、仕事が大好きで、収入がしっかりしている女性にとって、〝結婚する意味〟はますます薄くなっていくに違いない。

これまでの恋愛観・結婚感では「結婚すれば幸せになれる」が根本にあって、幸せは二人でつくり上げるものという価値観で生きてきた人が多かったと思うけど、これからはそうじゃない時代になるんじゃないかな。

では、これからの時代に必要になってくる「幸せのスキル」って何だろう？

僕は「**一人でも幸せに生きられる、幸せを感じられる生き方ができること**」なんじゃないかなと考えている。

ここで、2020年にタレントの壇蜜さんが結婚した時のコメントを紹介しよう。

「私にとって『ちゃんと生きられる』の意味は、経済的・精神的に自立して生きられるということです。一人で生きられないから結婚するのではなく、自分一人でも生きられる自信がついたから誰かと一緒にいられるようになった」（婦人公論・jp）

個人的な感想になってしまうけど、初めてこのコメントを見た時は痺れたよね。これこそまさに未婚だろうが既婚だろうが関係なく、これからの時代に必要な「幸せのスキル」なんじゃないか、僕が考えていたことの核心に迫るものだ、って。

きっとこれまでは「一人で生きられないから結婚した」という人がたくさんいたと思うの。でも、壇蜜さんはそれを否定するのではなく、続けてこうも言っている。

「男性に頼って生きられる女性はそれでいいと思います。頼れることは一つの才能ですからね」

「幸せの自立」で最高のパートナーシップを！

自立というとどうしても「経済的自立」や「精神的自立」という意味が使われがちだが、これは意外とハードルが高い。「それができるならとっくに離婚して、一人で幸せになってるわ！」と言いたい女性も多いことだろう。実際、僕も何度もそう言われた（笑）。

この本ではあえて深掘りしないけど、あなたがもし経済的理由で離婚をためらっているのなら、一度、最寄りの自治体窓口で「離婚したらもらえるお金、タダになるもの」を聞いてみてほしい（特にお子さんがいる女性は！）。意外と「あれ？　だったら月にあと数万円稼げば生きていけるじゃん！　離婚できるじゃん！」って思えるから。それで離婚を決意した人、たくさんいるよー。

話を戻そう。時々パートナーシップを発信している人の記事なんかで「女性も経済的・精神的に自立すれば、結婚生活がより良いものになる」的な話を見る。確かにそれはそうなんだけど、僕はちょっと違う見解だ。もう一つ付け足したい。「結婚すれば二人で幸せになれる」のではなく、「一人でも幸せに生きられる人同士が結婚するから、結婚生活が幸せなものになる」だ。

僕が推奨するのは経済的自立でもなく、精神的自立でもなく（もちろん可能ならした方がいい。それは間違いない）、幸福的自立。

誰かに頼らないと、依存しないと幸せを感じられないような生き方ではなくて、一人でも幸せに生きられる、幸せを感じられる生き方を身につけてほしい。もっとざっくり言うと「一人で勝手に幸せになってくれ（笑）」だ。

もう少し説明しよう。僕は、経済的にも精神的にも頼れる状況がそこにあるのなら、頼ることは悪くないと思っている。壇蜜さんも言っていた通り、それも才能だからね。ただ、それが自分にとっての幸せかどうかは人それぞれだし、他人の幸せや世間の常識に照らして答えが出ることではない。あくまでも自分自身の基準で、幸せだと感じることに正直に生きていけることを、僕は幸福的自立と呼んでいる。

先にも書いたけど、これからは間違いなく未婚・離婚・死別も含めて独身者が増えていくだろう。結婚という制度に疑問を感じたり、必要性を感じない人もだんだん増えてきているからね。

そうなったら、これまでのような「結婚すれば幸せになれる」という価値観はもう通用しなくなる。

だからこそ本当に必要なのは、幸福的自立、「幸せの自立」だ。

それが確立した人同士で暮らしを共にするのなら、仮に結婚という道を選んだとしても、最高のパートナーシップになるんじゃないかな。

ちなみにシェア族の人間なら、そもそもこの幸福的自立のスキルを持っているはずだし、すでに「幸せの自立」ができている人が多い。基本、一人で生きていくことが幸せな人たち、一人が大好きだからね（笑）。

もしかすると、ペア族の人たちは苦労するかもしれない。今までは「誰かと一緒にいることが幸せ」と思って生きてきただろうから。

自分の幸せは自分で決める「自立婚」のススメ

近年、パートナーシップ界隈では「自立婚」というワードをよく目にするようになった。この言葉の定義も様々あるんだろうけど、世間的にはやはり経済的自立、もしくは精神的自立した人同士が結婚して、お互いに期待も依存も執着もしない純粋な気持ちと想いだけで繋がっていられる結婚生活のことを指す場合が多い印象だ。形としては、別居婚や週末婚といった、普段は別々に暮らして週末、もしくは時々会いにいくといったもの。法律的には婚姻関係を結んでいないけど、夫婦として生きていく事実婚なども含まれる。

経済的にも精神的にも自立して、お互いに好きなことをして自由に生きつつ、相手のことも大切に思っている状態。まるでシェア族・【非社会性パートナーシップ】の人たちのことを指しているような気がするけど、そんなことはない。ペア族・《社会性パートナーシップ》の人たちでも自立婚は可能だ。

ペア族・《社会性パートナーシップ》の人なら「自立婚」、つまり、週末婚や別居婚、事実婚なんて聞くと、「は？　何それ？　結婚する意味あるの？」って思うだろう（笑）。これまで、結婚とは、戸籍上でも実生活でも、パートナーや子どもと一緒にいるものだって考えてきたんだから無理もない。そもそも「自立」という概念も、その必要もないものなんだからね。

ただ、それが本当に幸せなのか、と問うと話は違ってくる。僕は結婚していても幸せではない、幸せになっていない人をたくさん見てきた。結婚すれば幸せになれるはずだったのに、彼女たちはどうして幸せになれなかったんだろう？

今、はっきりとその答えを言っておこう。それは、夫に、そして結婚という形式に、「幸せにしてほしい」って期待して依存して執着しているからだ。そりゃいつまでも幸せになれるわけないよ。

自分を幸せにできるのは結局自分自身でしかないの。
それが幸福的自立、「幸せの自立」だよ。

経済的に自立していなくてもいい、精神的に自立していなくてもいい。でも、自分の幸せは自分で決めていいんだよ？　知ってた？

その上で、指標として考えてもらいたいのがこの本で紹介してきたタイプ分けの話ね。あなたはペア族なのかシェア族なのか。そして目指している人生は《社会性パートナーシップ》なのか【非社会性パートナーシップ】なのか。このたった二つのタイプを把握するだけで、今の生き方、今の結婚生活、今のパートナー、今の人生が自分に合っているのかどうかがわかるはず。

そして、もしあなたが今、自分のタイプに合っていない生き方をしているなら――。そのままの生き方で幸せになるのは相当ハードルが高い（無理だとは言わないけど）。だとしたら、思い切って生き方そのものを変えてもいいと思うよ。

大丈夫。それに気づいた人からバンバン離婚してるから（笑）。そこから新しいパートナーを見つけてもいいし、しばらく一人で生きて行ってもいい。今いる環境から抜け出して、世間を見てみればよくわかる。あなたが思っている以上に、自由に生きている人はたくさんいるよ？

もはや、結婚という形にとらわれる必要はなくなりつつある。

本当に自分が心地良い生き方は何なのか？　自分自身が本当に幸せを感じられる生き方は何なのか？

これからはそれを自分で考えて、自分で決めて、自分で選択していく時代だよ。

あとがき

「はじめに」でも書いたが、この本は、シェア族かつ【非社会性パートナーシップ】の考え方をもつ著者（僕）が書いた本なので、圧倒的にそちらに偏った内容になっている。

でもそれは、決してシェア族で、【非社会性パートナーシップ】で生きることが正しいのだ、と言いたいわけではなくて、僕と同じタイプの少数派に「あなたは間違ってないいんだよ」「あなたは世間の常識に合わせずにもっと自由に生きていいんだよ」と言いたいだけ。

逆にペア族や、《社会性パートナーシップ》でも、今幸せに生きているならそのままでいいの。何かを変える必要もないし、この本だって読み終わったら捨ててもいい（メルカリに出品するのだけはやめて 笑）。

でももし、「結婚すれば幸せになれる」と思って結婚したけど、全然幸せになれていないって思う人は、何度もこの本を読み返して自分のタイプをちゃんと把握して、それに合った生き方を模索してみてほしい。

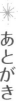

本文中にも触れたけど、実は、自分がシェア族で【非社会性パートナーシップ】の属性の人間なのに、それに気づいていない人は少なくない。

日常のあちこちやテレビ・マスコミで語られる恋愛観・結婚観は、基本的に「ペア族」で《社会性パートナーシップ》のそれだし、たいていの場合は、その価値観が正しいという前提で話が進む。そして、多くの人がそれを模範としようとしてもがいている。「自分もそうしないといけないんだ」と無意識に真似ようとするあまり、それが自分の本当に望む心地良い生活なのか、という判断はいつのまにか後回しにされるんだよね。

おまけに、「結婚生活は維持するのが大変で、愚痴ばかりこぼしてしまいたくなるもの」という価値観を一度は通らないといけないような世間の風潮まである。少々居心地が悪くても、みんなそんなものだと諦めてしまうのも無理はない。

僕も若い頃はそうだった。なんとなく結婚して、なんとなく結婚生活を送って、なんとなく幸せになろうとしていた。そんな結婚、続くわけがないよね。

この本を書くにあたって最も悩んだことは、「結婚っていいよね！」という話をどうやって書こう……ということだ。男女のパートナーシップを語るにあたって「結婚」

はどうしても避けて通れないのに、結局この本ではあまり結婚の良いところを紹介できなかった。

だけど、僕自身が結婚という制度に魅力も必要性も感じていないのだから、こればっかりはどうしようもない。だから、もうそれはキッパリ諦めようと思う（笑）。僕以外の別の人が、十分に語ってくれているはずだしね。僕は（少なくとも今現在は）結婚というものの良さを語れる人間ではなさそうだ。

ここ数年「ソロキャンプ」などのソロ活や、「おひとりさま」などの一人で楽しむモノやコトが増えてきた気がする。外食産業でも「一人なんちゃら」って謳っているのをよく見かけるようになった。今までは「二人で」とか「みんなで」が幸せの基準とされてきたことが多かったけど、これからは「一人で」という幸せの基準もどんどん増えていくだろう。

この本で伝えたかった「一人でも幸せに生きられるようになろう」が、世間の当たり前になっていくのが嬉しい。

もちろん全ての人がそうである必要はないけど、これだけ生き方が多様化してきている中で、恋愛観や結婚観だけが変わらないのはやっぱりおかしい。そこも変わっていくべきだし、変わらざるを得ない世の中になっていってほしいと願っている。
最後にこれだけは改めて伝えて終わりにしたい。

結婚をして幸せになってもいい。
結婚をしなくても幸せになっていい。

でも

どこかの誰かがつくった結婚というルールに縛られているだけなのだと気づいたのなら、それはもうやめてほしい。
例えそこにどんな理由があったとしても。

あなたはもっと自由に生きていい。
あなたはもっと幸せになっていい。
あなたはもっと誰かを愛していい。

どんな形でもいい。
幸せになるために生まれてきたんだから。

Special Thanks

ブロガー　ふみのさら
https://ameblo.jp/saranyanmdh/（「真実の愛を見つけるためのセフレの法則」）

神経医科学研究所　代表理事　小城絢一朗博士（慶應義塾大学）
https://drkojou.com　小城研究室

ブロッサムデザイン　櫻井圭子
https://keiko-design.com/

参考文献

荒川和久『超ソロ社会「独身大国・日本」の衝撃』（PHP研究所）
荒川和久、中野信子『「一人で生きる」が当たり前になる社会』（ディスカヴァー・トゥエンティワン）
上野千鶴子『家父長制と資本制　マルクス主義フェミニズムの地平』（岩波現代文庫）
上野千鶴子、田房永子『上野先生、フェミニズムについてゼロから教えてください！』（大和書房）
鈴木隆美『恋愛制度、束縛の2500年史〜古代ギリシャ・ローマから現代日本まで〜』（光文社）
鈴木宏昭『認知バイアス　心に潜むふしぎな働き』（講談社）
筒井淳也『結婚と家族のこれから〜共働き社会の限界〜』（光文社）
筒井淳也『仕事と家族　日本はなぜ働きづらく、産みにくいのか』（中央公論新社）
中野信子『脳内麻薬　人間を支配する快楽物質ドーパミンの正体』（幻冬舎）
中野信子『不倫』（文藝春秋）
日経ヘルス『40代からの性の悩み、ギモン100問100答』（日経BP）
八田真理子『産婦人科医が教えるオトナ女子に知っておいてほしい大切なからだの話』（アスコム）
ヘレン・E・フィッシャー『愛はなぜ終わるのか――結婚・不倫・離婚の自然史』（草思社）

参考文献

山田昌弘『結婚不要社会』（朝日新聞出版）
山田昌弘、白河桃子『「婚活」時代』（ディスカヴァー・トゥエンティワン）
山田昌弘、白河桃子『「婚活」症候群』（ディスカヴァー・トゥエンティワン）
ゆむい『夫の扶養からぬけだしたい』（KADOKAWA）

参考Web

男女共同参画局HP「コロナ下の女性への影響と課題に関する研究会」
(https://www.gender.go.jp/kaigi/kento/covid-19/index.html)
一般社団法人 日本家族計画協会「【ジェクス】ジャパン・セックスサーベイ2020」
(https://www.jfpa.or.jp/sexsurvey2020/)

参考Web

一明 源 (いちみょう げん)

20 歳で探偵事務所に就職。調査内容の 9 割が不倫浮気調査だったことから、プライベートでも不倫・離婚・セックスレスの相談を受けるようになる。
自身の離婚をきっかけに本格的に夫婦関係、男女のパートナーシップ、性生活について研究を始め、2016 年『パートナーシップ研究家』として独立起業。
計 1 万人を超える方々にパートナーシップにまつわる情報を発信。ブログ『直感的源論』は、累計 50 万 PV の人気アカウントに。(※こちらは 2020 年で終了)
性教育の専門家として開催していた「『オンナ』をひらく性教育講座〜【本来の私】に戻る魔法♡」は日本全国、世界で受講者数が 1,000 人を超える。(動画講座の購入が可能)
現在は新たに「自立」をテーマとして SNS を運営している。

旧ブログ『直感的源論』
https://gen-ron.hatenablog.com

2021 年〜『自立婚のススメ』
https://gen-san.hateblo.jp/

FaceBook
https://www.facebook.com/minamoto887

一明源の本シリーズ

人生は壮大なひまつぶし
ゆる～くテキトーでも豊かに
生きられるヒント

幸《しあわ》せの自立《じりつ》

2021年8月20日　初版第1刷

著　者／一明源《いちみょうげん》
発行人／松崎義行
発　行／みらいパブリッシング
〒166-0003 東京都杉並区高円寺南 4-26-12 福丸ビル 6F
TEL 03-5913-8611　FAX 03-5913-8011
http://miraipub.jp　E-mail: info@miraipub.jp
企　画／田中英子
編　集／とうのあつこ
編集協力／遠藤道子
ブックデザイン／池田麻理子
カバーデザイン／櫻井圭子
発　売／星雲社（共同出版社・流通責任出版社）
〒112-0005 東京都文京区水道 1-3-30
TEL 03-3868-3275　FAX 03-3868-6588
印刷・製本／株式会社上野印刷所

ISBN978-4-434-29339-9 C0095